# 微信朋友圈营销秘诀

不讨人嫌
还有钱赚

（第3版）

叶龙 编著

清华大学出版社

北京

## 内 容 简 介

在普通人眼里，朋友圈是用来记录生活的；在摄影师眼里，朋友圈是画廊，可以用来展示照片；在成功人士眼里，朋友圈是会客厅、是门店、是社交圈，同时也是财富圈。

如果您想成为自明星，让朋友圈成为您的自媒体平台；如果您想成为自媒体大咖，让朋友圈成为您的赚钱商圈，本书将带给您不一样的朋友圈经营思路，通过109招干货技巧，扩宽您的财路，助您名利双收！

如果您正遭遇让人烦、不信任以及讨人嫌的人际关系，书中通过12个专题内容，帮您去除烦恼、扭转信用，成为朋友圈营销高手，完成财富圈强关系到大赢利的转变！

本书包括10招干货做好营销第一课、7种途径吸引客户眼球、9个要点提升客户好感、8种方式持续讨人喜欢、11种方法火爆营销圈、10大方法营造视觉诱惑、13种软文特色写作技巧、9种方式多样化呈现、7种方法打造优质视频、8个要点玩转视频号与直播、9个技巧牢牢抓住顾客、8种行为务必及时纠正等内容，可以帮助读者快速、全面精通朋友圈营销，实现流量变现。

本书结构清晰、语言简洁，特别适合三类人阅读：一是想做朋友圈营销、渴望成为朋友圈营销高手的人；二是想进一步提升朋友圈经营技巧的微店经营者；三是想利用朋友圈成为自明星的人。

**图书在版编目(CIP)数据**

微信朋友圈营销秘诀：不讨人嫌还有钱赚 / 叶龙编著. —3版. —北京：清华大学出版社，2022.2
ISBN 978-7-302-59987-6

Ⅰ. ①微… Ⅱ. ①叶… Ⅲ. ①网络营销 Ⅳ. ①F713.365.2

中国版本图书馆CIP数据核字(2022)第016008号

责任编辑：张　瑜
封面设计：杨玉兰
责任校对：李玉茹
责任印制：朱雨萌
出版发行：清华大学出版社
　　　　网　　　址：http://www.tup.com.cn, http://www.wqbook.com
　　　　地　　　址：北京清华大学学研大厦A座　　　　　　邮　　编：100084
　　　　社 总 机：010-83470000　　　　　　　　　　　　邮　　购：010-62786544
　　　　投稿与读者服务：010-62776969, c-service@tup.tsinghua.edu.cn
　　　　质量反馈：010-62772015, zhiliang@tup.tsinghua.edu.cn
印 装 者：河北华商印刷有限公司
经　　销：全国新华书店
开　　本：170mm×240mm　　　　印　　张：15.25　　　　字　　数：288千字
版　　次：2017年1月第1版　　2022年2月第3版　　　　印　　次：2022年2月第1次印刷
定　　价：69.80元

产品编号：093099-01

# 前言

## ■ 写作驱动

随着自媒体产业规模的日益壮大，朋友圈的营销功能也越来越突出。朋友圈的营销，对于微信、自媒体、新媒体、自明星以及网红等人员来说，渐渐变成刚性需求，在朋友圈这一社交领域不断地通过各种渠道拓展目标好友，引导人流，促进成交，渐渐地在各自领域形成不同的产业群。朋友圈营销的从业人员越来越多，需求也自然越来越大。

然而，朋友圈微商营销领域的微友，随着营销问题的出现，日益感觉头痛：朋友圈的朋友对自己的微商产品反感，有的躲着自己，有的屏蔽自己更新的信息，还有的嫌弃自己产品价格高、忽悠人，被亲朋好友冷脸看待、拒之千里……从而使得强关系逐渐弱化，信任清零，与初衷背道而驰。

这些问题时刻困扰着朋友圈营销者。那么，有什么方法既能让自己赚到钱，还能够让朋友圈的朋友们对自己的产品和信息，不仅不觉得讨嫌，还会受人欢迎，从让人烦、不信任到喜欢看、追着来买呢？

本书采用逆向思维，站在对方的角度思考问题，通过 109 个实用性超强的干货型技巧，从吸粉、软文、视觉、图片、视频、广告、价值及关系等角度，全程图解朋友圈的基础操作以及成交量和人气高的原因，帮助营销者轻松打造不讨人嫌还赚钱的微信朋友圈！

## ■ 特色亮点

本书主要有以下 5 大特色亮点。

(1) 技巧为主，纯粹干货：全书通过 109 个实用性超强的技巧，从吸粉、软文、视觉、图片、视频、广告、价值以及关系等角度，帮助朋友圈营销者从新手快速成长为微信朋友圈营销的行家里手！

(2) 可操作性强，实战营销：全书通过从微信和朋友圈的创建、维护和管理等方面出发，一步步带领营销新手走进朋友圈营销领域。

(3) 营销高手，经验丰富：笔者从事微信、朋友圈营销及新媒体运营多年，深谙朋友圈营销的各种玩转之道，特别是在如何快速吸粉、海量导流等方面，经验丰富！

(4) 原创内容，独家放送：书中许多内容是笔者深度研究朋友圈营销，提炼出来的原创内容，在同类书中均没有出现过，如玩转视频号与直播的 8 个要点、视频的制作和推广等，可谓人无我有，人有我优。

（5）实战心得，亲身体验：书中的109招，每一招都是笔者亲自操作和体验过的，干货满满，含金量大，是一本认真打造的原创之作。

## ■ 本书内容

本书从两条线出发进行写作，分别如下。

一条是横向基础线，从微信朋友圈的10招干货做好营销第一课、7种途径吸引客户眼球、9个要点提升客户好感、9个技巧牢牢抓住顾客到8种行为务必及时纠正，逐步深入，带领营销新手扎稳朋友圈营销的根基。

另一条是纵向技巧线，从8种方式持续讨人喜欢、11种方法火爆营销圈、10大方法营造视觉诱惑、13种软文特色写作技巧、9种方式多样化呈现、7种方法打造优质视频、8个要点玩转视频号与直播，帮助读者在最短时间内建立信任、引爆人流、营销运营以及提高商品的成交量！

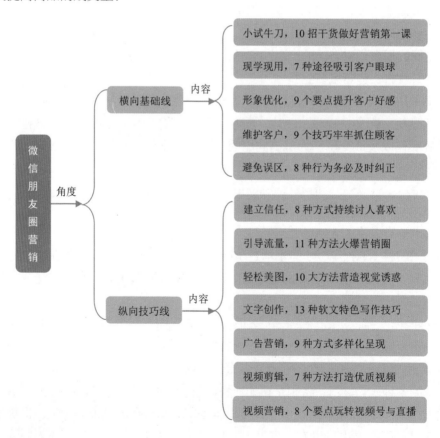

## ■ 技巧总结

本书以干货为主，精心提炼了朋友圈营销实战中的109个精彩技巧，帮助朋友圈营销工作者以小博大，让小界面发挥大效果，使企业的品牌塑造、销量提上一个新的台阶！笔者结合本书，整理了如下20个技巧要点。

第1个：手机、QQ是营销者的第一桶"人气资源"，一定要和微信绑定，方便将现有联系人转化为微信好友，有助于拓展客户资源。

第2个：在使用二维码添加微信好友时，营销者可将二维码设置成手机的桌面，这样可以快速地展示二维码给好友进行扫码添加，非常方便，还可以节省手机流量，一举两得。

第3个：当营销者同多人聊天时，可将与重要客户的聊天界面置顶，有利于用户状态信息的发布和更新。

第4个：有效利用"群发助手"软件，在应用该功能时有着诸多优势，群发消息非常方便快捷，不用一个个去发，节省了很多时间，对于营销者来说，群发消息是对销售推广很有利的一个功能。

第5个：微信号、昵称、头像、个性签名以及朋友圈封面都是营销的广告位，从营销的角度来讲，一定要满足易记、易传播的特点，这样更有利于品牌的宣传和推广。

第6个：打造良好的形象，树立个人品牌，注重自己的产品质量，建立联系，多与客户互动，积累人气，改变固有的偏见，得到好友的信赖，用行动证明自己的价值，打造良好的营销氛围。

第7个：不论开实体店，还是做朋友圈营销，最怕的是什么？是没有人气！而人气怎么来？都是一点一点积累起来的。因此，只要是方法，能用的尽量用，能不错过的时机尽量抓住，获得更多的粉丝，增加曝光率，将焦点引导到产品上。

第8个：朋友圈的营销推广离不开精美的图片，但大多数营销者都不是专业摄影出身，一张好图，基本上是"三分拍，七分修"，因此学会对图片美化是每个营销者必学的技能，如果会Photoshop专业修图更好，不会也没关系，用修图软件也能满足基本需求。

第9个：软文营销也是必不可少的，很多人由于工作、学习都比较繁忙，休闲时间不多，在浏览时不会仔细去看文字，甚至直接跳过，想要引起注意、吸引眼球，营销者们要在标题上下一些功夫，激起微信好友们的好奇心。

第10个：制造"羊群效应"，大多数人都喜欢跟风，热卖的东西人们喜欢跟着抢，商户要捕获这种从众和跟风的心理，营造产品热销的氛围。

第 11 个：营销者在朋友圈进行软文营销推广时，除了要注意发布的内容以及针对的群众以外，选择一个合适的发布时间也是非常重要的，发了没人看就是在做无用功。

第 12 个：在发朋友圈时有一个特别的功能叫作"所在位置"，如果利用得当，相当于给朋友圈营销又免费开了一个广告位。一个真正成功的朋友圈营销者，应该能够合理利用每一个小细节来进行营销。

第 13 个：朋友圈中有一个专门的品牌广告商位，属于商家付费的微信广告，这些镶嵌在朋友圈中避无可避的广告，商业价值是巨大的。

第 14 个：H5 页面是现在常用的数字产品。H5 页面基于云端，无须下载，它能将文字、图片、音频、视频、动画以及数据分析等多媒体元素融合在一个界面中，营销者可以自己制作，然后分享至朋友圈，进行广告宣传。

第 15 个：在营销过程中，营销者必须意识到，动态营销比静态营销更能获得人们的关注，视频动画等生动的介绍往往比文字更吸引人们的眼球。

第 16 个：营销者要准确把握视频的时长、封面、片头、片尾以及背景音乐等要素，优质的视频能第一时间快速地抓住受众的眼球，从而达到理想的宣传效果。

第 17 个：视频号和直播拥有潜力巨大的营销市场，营销者要把握好机会，掌握视频号与直播的运营技巧，实现资源变现。

第 18 个：制造稀缺紧迫感，物以稀为贵，越紧缺的资源价值越大，营销者其实也可以把这种心理用到营销当中，制造某种商品供不应求的状态。

第 19 个：微信群同朋友圈一样，都是微信好友的集成平台，在营销过程中有利于目标客户的集结和信息的精准推送。

第 20 个：客户是营销活动的终极目标，整个营销过程就是一个以客户为中心的运营过程，在营销过程中，永远要牢记"顾客第一"的原则，了解客户需求，从客户的角度出发，多沟通交流，维护好双方的强关系。

## ■ 作者信息

本书由叶龙编著，参与编写的人员还有刘思悦，在此表示感谢。由于作者知识水平有限，书中难免有疏漏之处，恳请广大读者批评、指正。

编　者

# 目录

# 第1章

## 小试牛刀，10招干货做好营销第一课

**学前提示**

微信的火爆，使其成为营销的主流平台，朋友圈则成为宣传产品的有利渠道，通过熟人圈子来销售产品，有很高的真实性。

在利用朋友圈营销之前，首先要掌握微信运营的一些基本技巧，本章将介绍几招干货，初步运营朋友圈。

**要点展示**

001　绑定手机QQ，抓牢现有资源

002　设置二维码，产品流动"加速器"

003　设置备注信息，牢记你的"上帝"

004　用户分组管理，精准推送相关信息

005　设置朋友圈权限，维护客户关系

006　将客户聊天置顶，快速找到重要客户

007　搜索聊天信息，定位客户整体需求

008　设置聊天背景，给自己提供便利

009　语音输入，高效交流最佳助手

010　收藏关键信息，省时省力直接调用

# 001 绑定手机 QQ，抓牢现有资源

当用户注册微信时，可以选择用手机号注册或者 QQ 号注册，注册成功后，用户可以绑定 QQ 号、手机号以及邮箱等，如图 1-1 所示。

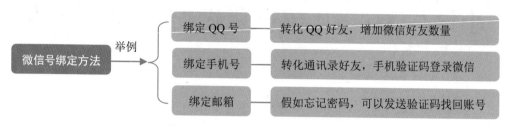

**图 1-1 微信号绑定的方法及作用**

这 3 种微信号的绑定方法具有极大的优势，可以将营销者现有的资源牢牢抓住。下面以手机号和 QQ 号同时绑定微信号的方法为例进行介绍，具体步骤如图 1-2 所示。

**图 1-2 同时绑定手机号和 QQ 号的方法**

# 002 设置二维码，产品流动"加速器"

二维码在现在的营销与运营中，是以服务和产品流动的"加速器"而存在的，它能轻松地完成营销过程中线上与线下的闭环。这一功能是由其自身的属性和特点决定的，如图 1-3 所示。

在线上与线下的营销闭环过程中，一方面，企业或商家可以通过二维码来达

到引流的营销目的，如图 1-4 所示。

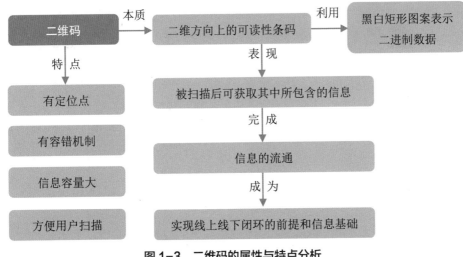

图 1-3 二维码的属性与特点分析

图 1-4 二维码的线下引流

另一方面，企业或商家也可以通过线上的二维码扫描获取相关信息，方便用户在线上消费或将其引流到线下消费。无论从线下到线上的引流，还是从线上到线下的引流，都可以通过微信的二维码扫描功能来实现。

在微信的朋友圈服务插件中，用户可以通过微信的二维码扫描来添加好友，扩充朋友圈。在添加过程中，其实还能更简单，就是将二维码设置成手机的桌面，这样用微信二维码扫描的时候就非常方便了，可以快速地展示二维码给好友，而且这样的方式还可以节省手机的流量，一举两得。

将微信二维码设置为手机桌面的方法如下。

步骤01 进入"我"界面，点击微信号，如图 1-5 所示。

步骤02 进入"个人信息"界面，点击"我的二维码"按钮，如图 1-6 所示。

步骤03 进入"我的二维码"界面，点击···按钮；在弹出的选项面板中点击"保存图片"按钮，即可保存二维码图片，如图 1-7 所示。

**步骤④** 将图片设置为桌面壁纸，效果如图 1-8 所示。

**图 1-5　点击微信号**

**图 1-6　点击"我的二维码"按钮**

**图 1-7　保存二维码图片**

**图 1-8　设置为桌面壁纸**

## 003　设置备注信息，牢记你的"上帝"

越会做生意的人，越注重细节，在微信朋友圈里营销也是如此。而微信备注信息的设置就是践行这一理念的好方法，特别是对新朋友而言，商家可以通过设置备注信息实现对朋友圈各成员的记忆，以及加强朋友圈成员的管理，如图1-9所示。

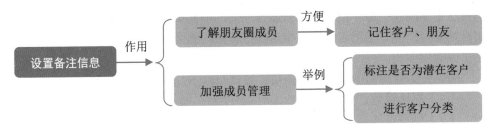

图1-9 设置微信备注信息的作用

备注信息是用户在微信朋友圈获得更多信任和更多发展机遇的前提。通过对备注信息的设置，企业或商家可以更好地通过微信的朋友圈功能来达到营销目标。顾客就是上帝，记住客户的重要信息，可以让生意井井有条，做得更加红火。设置备注信息的具体步骤如下。

步骤01 打开好友详细资料界面，点击"备注和标签"按钮，如图1-10所示。

步骤02 进入"设置备注和标签"界面，输入相应的备注名、电话号码；点击"添加名片或相关图片"按钮，如图1-11所示。

步骤03 进入"最近项目"界面，选择照片，以方便记住该人的信息或特点，如图1-12所示。

图1-10 点击"备注和标签"按钮　图1-11 点击相应按钮　图1-12 选择照片

# 004 用户分组管理，精准推送相关信息

营销者在经营过程中，会遇见很多不同的客户，如需求不同、性格不同以及消费水平不同等。每一位客户都有适合他们的销售模式或者商品，所以为了方便精准地推荐产品，营销者们可以将这些好友分门别类进行分组管理，为自己的销售工作提供便利。

微信分组管理有很多不同的模式，具体有以下几种。

（1）星标管理。

（2）标签备注。

（3）指定分组管理。

（4）详细信息备注管理。

（5）昵称备注分组管理。

（6）朋友圈可见范围分组管理。

现在营销者主要根据好友的类型，添加不同的标签进行分组管理。接下来介绍添加"标签"的方法。

步骤 01 进入"通讯录"界面，点击需要添加标签的好友，如图 1-13 所示。

步骤 02 进入详细资料界面后，点击"备注和标签"按钮，如图 1-14 所示。

图 1-13 点击需要添加标签的好友

图 1-14 点击"备注和标签"按钮

步骤 03 进入"设置备注和标签"界面，点击"标签"按钮，如图 1-15 所示。

步骤 04 进入"设置标签"界面，选择相应标签；点击"确定"按钮，如图 1-16 所示，即可为好友添加相应标签。

图 1-15　点击"标签"按钮　　　　　　图 1-16　选择相应标签

## 005　设置朋友圈权限，维护客户关系

有些客户比较反感朋友圈广告，营销者可以设置朋友圈权限，维护强关系，设置访问权限的方法如下。

在微信"通讯录"界面中选择好友，进入好友的详细资料界面，点击"朋友权限"按钮，如图 1-17 所示；点击"不让她看"开关按钮，如图 1-18 所示。

图 1-17　详细资料界面　　　　　　图 1-18　设置权限

除了单个好友设置以外，还可以进行朋友圈权限的批量设置，更加方便营销

者维护客户关系，具体步骤如下。

步骤 01 进入"我"界面，点击"设置"按钮，进入"设置"界面，点击"隐私"按钮，如图 1-19 所示。

步骤 02 进入"隐私"界面，点击"不让他（她）看"按钮，如图 1-20 所示。

图 1-19 点击"隐私"按钮 图 1-20 点击"不让他（她）看"按钮

步骤 03 点击"＋"按钮，如图 1-21 所示。

步骤 04 选择联系人，点击"完成"按钮，如图 1-22 所示。即会显示新的朋友圈权限联系人名单。

图 1-21 点击"＋"按钮

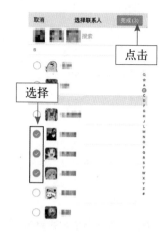

图 1-22 "选择联系人"界面

设置朋友圈权限也是对朋友圈好友的一种尊重，产品广告并不是所有的好友都会接受，要有针对性地进行推送，不要因为广告而使朋友关系变得冷淡。

## 006　将客户聊天置顶，快速找到重要客户

营销者微信中的客户通常会有很多，有时候找起来很不方便，为了能够快速查找，我们可以将重要的客户设置聊天置顶，这样找起来更快捷、方便。

那么，怎样设置重要客户聊天置顶呢？具体步骤如下。

步骤 01　打开重要客户的聊天界面，点击右上角的…图标，如图 1-23 所示。

步骤 02　进入"聊天详情"界面，点击"置顶聊天"开关按钮，即可完成置顶设置，如图 1-24 所示。

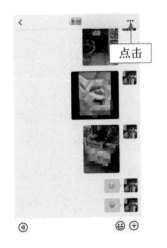

图 1-23　点击相应图标

图 1-24　点击"置顶聊天"开关按钮

## 007　搜索聊天信息，定位客户整体需求

在营销过程中，准确地记住客户的要求与建议，是决定下一次合作机会的根本前提。而营销者微信中的用户相对来说是比较多的，庞大的好友数量和繁重的工作量可能让他们容易忘记一部分客户的需求，使用原始的手动翻页查找聊天信息的方法不仅效率低下，而且容易造成失误。

为了避免这种情况出现，营销者应该熟悉聊天记录的搜索方法，通过这种方式来了解并满足所有顾客的需求。聊天记录最方便的地方不仅是能够搜索到关键词，而且还能够清楚地定位到某条记录的位置。

通过记录，我们不仅能够看到包含所查找词汇的完整句子，还能定位它，整理清楚前因后果，了解客户的整体需求，从而避免造成生意上的误会。

**专家提醒**

　　微信聊天记录查询的前提是聊天界面没有被删除。因为记录聊天内容的是微信本地的内存，而不是云端，在电脑上用 PC 端登录微信，聊天的记录需要设置消息同步才能在手机版上查询到。

接下来为大家介绍搜索聊天记录的方法，具体步骤如下。

步骤 ①　打开与某位客户的聊天界面，点击右上角的 ··· 图标，进入"聊天详情"界面，点击"查找聊天内容"按钮，如图 1-25 所示。

步骤 ②　进入"搜索"界面，即可在搜索栏中输入关键词进行搜索，如图 1-26 所示。

**图 1-25　点击"查找聊天内容"按钮**　　　　　**图 1-26　"搜索"界面**

步骤 ③　输入关键词后，界面会出现包含关键词的消息记录，点击其中一条包含关键词的消息记录，如图 1-27 所示。

步骤 ④　执行操作后，会弹出该记录在整个聊天过程中的位置，用户即可在其中查看与客户的聊天信息内容，如图 1-28 所示。

图1-27 点击消息记录

图1-28 弹出聊天记录

## 008 设置聊天背景，给自己提供便利

在这个个性张扬的时代，利用微信聊天时设置个性化的聊天背景是非常实用的功能，可以给自己提供便利。为了最大限度地满足微信用户自身的需求，企业或商家微信用户一般会对聊天背景进行设置。

在设置背景时，主要可以从两个角度考虑，如图1-29所示。

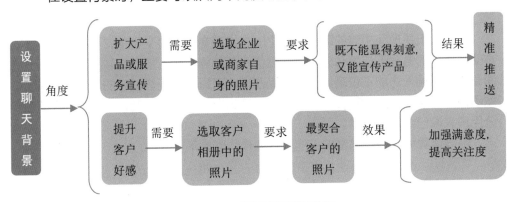

图1-29 设置聊天背景分析

下面以提升客户好感的角度设置聊天背景为例，讲述其具体操作过程，主要步骤如下。

进入与客户的聊天界面，点击右上角的···图标，进入"聊天详情"界面。点击"设置当前聊天背景"按钮，如图 1-30 所示。当进入"聊天背景"界面后，点击"从手机相册选择"按钮，如图 1-31 所示，在手机相册中选择与对方的合照或是对方的单人照即可。最终的设置效果如图 1-32 所示。

| 图 1-30　点击"设置当前聊天背景"按钮 | 图 1-31　点击"从手机相册选择"按钮 | 图 1-32　最终的设置效果 |

## 009　语音输入，高效交流最佳助手

语音聊天是现在主流的聊天方式之一，发语音既省时又省事，但是在对方不方便听语音的情况下该怎么办呢？在微信聊天的操作中，把语音转换为文字发送消息的语音输入功能不仅高效，还很受欢迎，可以作为语音消息的替代。目前，微信自带的语音输入功能仅支持普通话、粤语以及英语的语音输入，但对于大部分用户来说已经足够用了。

在微信界面中进行语音输入的具体操作步骤如下。

步骤01　进入聊天界面，点击⊕按钮，弹出相应选项；点击"语音输入"按钮，如图 1-33 所示。

步骤02　进入语音输入界面，长按🎤按钮进行录音，说出自己想要发送的内容；检查转换内容确认无误后点击"发送"按钮即可，如图 1-34 所示。

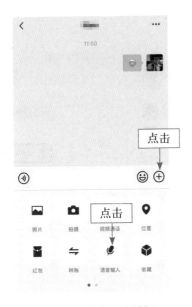

图1-33 点击相应按钮

图1-34 长按相应按钮进行录音

## 010 收藏关键信息，省时省力直接调用

"收藏"是微信中一个十分有用也很常用的功能，可以收藏图片与视频、链接、文件、音乐、聊天记录、语音、笔记以及位置，而收藏的所有内容都会被传送至微信云端，所以它几乎不占手机内存，而且传送十分方便。

对于营销者来说，利用这一功能来保存营销信息是很有价值的。营销者平时可以将商品介绍、公司简介等内容存放在"收藏"当中，当需要向客户介绍详细信息时，就可以直接调出来发给对方，既省时又省力，还不容易出错，是十分利于营销的。

那么，如何利用"收藏"保存文件呢？进入聊天界面，长按需要保存的文件，文件上会弹出列表框；点击"收藏"按钮即可，如图1-35所示。

除了可以保存之外，收藏的文件同样可以发送给客户或是同事等需要这份文件的人。

接下来为大家介绍如何利用"收藏"功能传送文件。

步骤01 进入与客户的聊天界面，点击右下方的⊕图标，如图1-36所示。

步骤02 在弹出的列表框中点击"收藏"按钮，如图1-37所示。

步骤03 进入"收藏"界面之后，点击需要传送的文件，如图1-38所示。

步骤04 随后"收藏"界面会弹出一个信息提示框，点击"发送"按钮即可，如图 1-39 所示。

图 1-35　点击"收藏"按钮　　图 1-36　点击相应按钮　　图 1-37　点击"收藏"按钮

图 1-38　点击需要传送的文件

图 1-39　点击"发送"按钮

**专家提醒**

　　当"收藏"里存储的东西过多时，还可以采取搜索"关键词"的方法找到想要的文件。在搜索栏下面，微信还自动给文档分了类型，有链接、相册、笔记、语音以及音乐，分门别类，便于翻阅与查询。

　　除了一般的文件以外，还可以收藏一些微信公众号的文章，或者编写"笔记"之类的平日用得比较多的资料，比如身份证号码、银行账户、邮箱账号以及地址等。

　　微信除了可以给好友设置标签便于管理外，微信"收藏"也能为不同类型的链接、文件以及图片等设置同一主题标签，从而便于我们查看。下面笔者以苹果手机为例，向大家介绍如何利用"收藏"里的标签功能归纳整理收藏内容。

　　**步骤01**　进入"收藏"界面之后，左滑需要设置标签的文件，点击"标签"按钮，如图1-40所示。

　　**步骤02**　点击或添加相应标签，点击"完成"按钮，如图1-41所示。

　　**步骤03**　标签添加完成后，在搜索栏搜索标签内容即可，如图1-42所示。

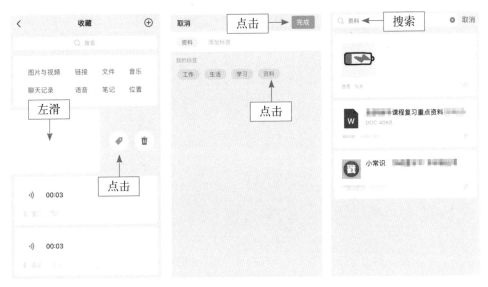

图 1-40　点击相应按钮　　图 1-41　点击"资料"标签　　图 1-42　搜索相应标签

# 本 章 小 结

　　通过学习本章内容，可以清楚地了解微信朋友圈的基本设置，无论是新的好友的添加，还是已有用户的有序管理，抑或是好友间互动沟通的界面、权限和内容设置操作等，都可以在此找到解决办法。

　　循序渐进、全面周到的步骤呈现，将带给人们怎样的惊喜和感叹呢？相信读过本章的朋友会有清晰而深刻的体会。

# 第 2 章

## 现学现用，7 种途径吸引客户眼球

**学前提示**

微信如此受欢迎也是因为它有很多实用的功能技巧，比如绑定手机号、绑定 QQ 号、发朋友圈状态、扫描二维码、发红包以及推送个人名片等。而这些功能和技巧还能作为找到好友、添加好友的渠道。

用好微信扩充朋友圈的功能，有助于吸引更多粉丝的关注，让自己的好友越来越多。

**要点展示**

011　手机联系人，赚取第一桶"人气"

012　QQ 好友，扩大朋友圈"人气"数量

013　发个小红包，好感度直线上升

014　朋友圈，强大的宣传推广平台

015　巧用二维码，店主的实用名片

016　图片加水印，一个不够俩来凑

017　个人名片，快速让 TA 认识你

# 011 手机联系人，赚取第一桶"人气"

在这个以手机为主要通信工具的时代，手机通讯录就相当于人的社会关系的一个缩影，它是人的各种社会关系的具体表现，里面有亲人、好友、同学、领导、同事以及客户等联系人，人际关系发达的估计有几千人，少的也有几十人、上百人，就拿笔者为例，目前就有 447 位联系人，如图 2-1 所示。

图 2-1　手机通讯录联系人

特别是使用同一个手机号越久的人，里面储存的人际资源就越多。俗话说：创业需要第一桶金，而在如今人气就是财气的网络时代，我们需要第一桶"人气"，而最好的人气资源就是我们的手机通讯录。

因为手机通讯录里面的人，我们基本上知根知底，这样就可以很好地根据自己营销的需要进行分类、标注，发送针对性的信息，实现用户群体、品牌建设和产品推广的精准营销。只要运用得好，他们就是我们微信朋友圈中最好的客户源。手机联系人的相关分析如图 2-2 所示。

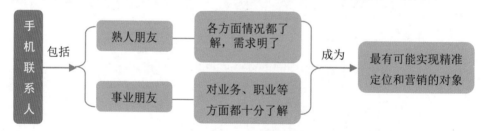

图 2-2　手机联系人分析

如果用户手机中有许多电话号码，此时可以通过微信服务插件，将电话号码全部添加至微信列表中，使其成为微信朋友圈中的一员，具体方法如下。

**步骤01** 打开微信，点击"通讯录"按钮，进入"通讯录"界面，点击右上角的按钮，如图 2-3 所示。

**步骤02** 进入"添加朋友"界面，点击"手机联系人"按钮，如图 2-4 所示。

**步骤03** 进入"通讯录朋友"界面，此时系统将自动获取手机通讯录中的朋友，不是微信好友的右侧会出现"添加"字样，点击"添加"按钮，如图 2-5 所示。

**步骤04** 进入"申请添加朋友"界面，输入相关信息；点击右上角的"发送"按钮，提示信息发送成功，待对方确认后，即可添加成功，如图 2-6 所示。

图 2-3　"通讯录"界面

图 2-4　点击"手机联系人"按钮

图 2-5　点击"添加"按钮

图 2-6　输入验证信息

## 012　QQ 好友，扩大朋友圈"人气"数量

如果说手机通讯录是我们的第一桶"人气资源"，那第二桶"人气资源"非 QQ 好友莫属。现在每个人至少有一个专用的 QQ 号，里面也有各类人际对象，

估计手机通讯录上有的，QQ 好友上都有，手机通讯录上没有的，QQ 好友上也有，在一定程度上可以扩大朋友圈的人气数量。如图 2-7 所示为笔者的 QQ 好友资源。

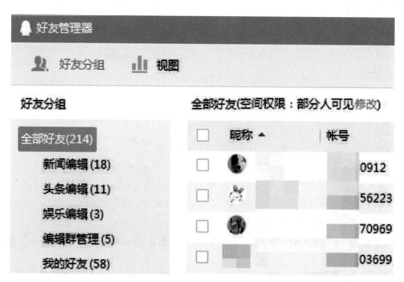

**图 2-7　笔者的 QQ 好友资源**

QQ 目前是我国使用频率较高的社交工具，经过长期发展，其用户资源非常丰富，而且用户也因为长期使用，好友人数日益增多。如果将这些资源有针对性地移植到微信朋友圈中，扩大朋友圈的好友数量，将会获得更多精准的人气资源。对于 QQ 资源的分析如图 2-8 所示。

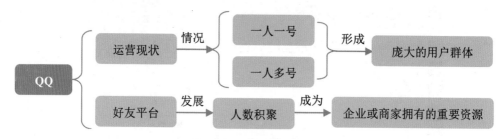

**图 2-8　QQ 资源分析**

在微信朋友圈服务插件中添加 QQ 好友的具体步骤如下。

步骤 01　在微信中进入"添加朋友"界面，在搜索栏中输入需要添加的 QQ 号码，如图 2-9 所示。

步骤 02　弹出添加好友界面，点击"添加到通讯录"按钮，如图 2-10 所示。

步骤 03　进入"申请添加朋友"界面，输入相关信息，点击"发送"按钮，返回"通讯录"界面，待对方确认后即可添加成功，如图 2-11 所示。

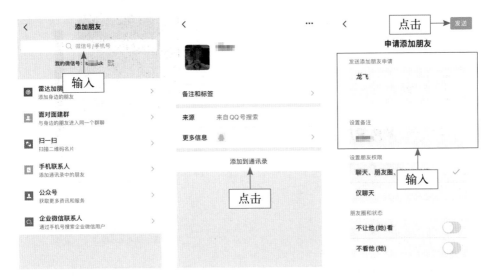

图 2-9　输入 QQ 号码　　图 2-10　点击"添加到通讯录"按钮　　图 2-11　输入相关信息

## 013　发个小红包，好感度直线上升

"红包"近年来相当火爆，同时还是一种很好的营销渠道，比如营销者添加新客户后，发一个小红包当作见面礼，可以赢得对方的好感。现在微信又推出了新功能——红包封面，红包的封面不再是默认的单色样式，还可以选择带有精美设计感的图片。当客户收到一个精致好看的红包时，自然会对营销者加深印象、增添几分好感，无形之中就为营销者做了广告。

目前，红包封面可以通过微信公众号活动领取、序列号兑换以及视频号达到一定要求后自己制作。红包封面具体的设置方法如下。

步骤 01　打开与客户的聊天界面，点击"红包"按钮，进入"发红包"界面，输入红包金额；点击"红包封面"按钮，如图 2-12 所示。

步骤 02　返回"红包封面"界面，选择一个合适的封面后，点击"使用该封面"按钮，如图 2-13 所示。

步骤 03　返回"发红包"界面，点击"塞钱进红包"按钮，即可完成发红包的操作，如图 2-14 所示。

步骤 04　红包封面设置效果如图 2-15 所示。

图 2-12　点击相应按钮

图 2-13　选择红包封面

图 2-14　点击"塞钱进红包"按钮

图 2-15　红包效果图

## 014　朋友圈，强大的宣传推广平台

朋友圈的力量有多强大，相信不用笔者说，大家都知道。微信运营者可以利

用朋友圈的强大社交功能宣传推广自己的微信号，吸粉引流，从而增加客流量，提高产品销量。

要想让用户转发和分享，就必须有能够激发他们分享传播的动力，这些动力来源于很多方面，可以是活动优惠、集赞送礼，也可以是非常优秀的能够打动用户的内容。不管怎么样，只有给用户提供有价值的内容，才会引起用户的注意和关注。

朋友圈引流吸粉的强大社交功能主要表现如下。

（1）朋友圈用户的推荐分享能力。

（2）朋友圈用户的高效传播能力。

（3）运营者本身在朋友圈中的影响力。

## 015　巧用二维码，店主的实用名片

二维码已经成为我们日常生活中不可或缺的元素，更是店主的实用名片。购物付款时需要用到、添加好友时需要用到、登录某个页面时需要用到、识别某个物品时需要用到……总而言之，它的用途很多，也在生活与工作中被广泛使用，扫描二维码已经是生活常态，如图2-16所示。

图2-16　扫描二维码已经是生活常态

准确地说，二维码是链接的一种形式，它的诞生使得我们不需要再辛苦地记忆网站域名，只要拿出手机轻轻一扫，就能立即跳转进入我们想进的页面。对于大众来说，二维码最熟悉的使用方式是进行收付款。但是从营销角度来看，营销者更应该将重点放在跳转页面、添加关注这一引导行为上。通过二维码，用户选择关注企业主页的概率可以说是大大提高了。

很多微信上的公众号将"扫描二维码添加关注"这一增加粉丝的方式贯彻得

十分彻底。作为个体营销者，也应该学习公众号的方式，使用一切办法将自己的微信号二维码散播出去。

除了一些比较传统的宣传方式以外，营销者还可以将二维码附在包裹上方便买家扫描。因为大家在收到商品的第一时间，都会习惯性地检查一下外包装，看看完整与否。而现在大多数人看见二维码可能都会习惯性地扫一下。所以说，商品的包裹就成为一个非常合适的放置二维码的地方。

营销者应该抓住这一点，制作一些比较清晰的二维码图片，贴在包裹上，以此来增加微信好友的数量。如图 2-17 所示，就是一个贴了二维码的包裹。

**图 2-17　包裹上的二维码**

那么，什么情况下需要营销者往包裹上贴二维码呢？如图 2-18 所示。

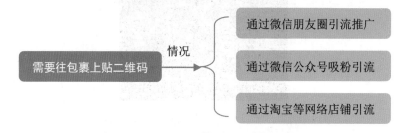

**图 2-18　需要往包裹上贴二维码的情况**

客户在淘宝、京东等网站上购买商品后，这家店主为了将这些客户发展成长期客户，就希望能够将这些客户添加到自己个人的微信朋友圈中，这样不仅方便售后的沟通，还能够打通进一步营销的关节。

有时可能营销者的个人微信号好友已经加满了，为了方便营销，干脆重新申请一个微信号专门用来做朋友圈营销，所以需要客户添加另一个账号。

又或者是营销者又发展了一门新生意，为了客户的积累，就将原来的老客户又发展成该新生意的新客户。无论原因是什么，方便客户查找与添加都是营销者第一个需要考虑的因素，在包裹上附上二维码的方式对客户来说确实相当便利。

## 016　图片加水印，一个不够俩来凑

图片加水印引流法便于客户识别和查询，在二维码或微信公众号的文章中，可以为图片加上水印，若一个水印不够明显，可以加上两个，从而引起客户的注意，以实现引流，如图 2-19 所示。

**图 2-19　图片加水印**

图片加水印引流法有利于百度搜索引擎收录，因而具有极大的优势。那么，这种方法应该如何进行操作呢？其实非常简单，如图 2-20 所示。

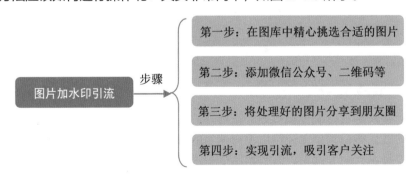

**图 2-20　图片加水印引流法的操作步骤**

除了以上这种比较直接的图片加水印的引流方法，我们还可以利用一些使用频繁、平易近人的宣传素材，比如说将水印添加至现在较为流行的二十四节气图

上，如图 2-21 所示。每隔一段时间向客户发送一次，不仅能够推广自己的品牌，并且还能使客户感受到亲切和关怀。

**图 2-21　二十四节气图加水印**

**专家提醒**

　　图片加上营销者的专属水印，不仅能够增强个人标识的辨识度，防止盗图，还能够作为一种渠道推广引流。值得注意的是，水印的添加不要太过复杂和明显，建议添加标题和艺术诗词，将水印混合到图片中，以免引起客户反感。

# 017　个人名片，快速让 TA 认识你

　　名片是一种很传统也很有效的宣传方法，一般的名片上会有基本的个人信息和联系方式，微信营销者还可以将微信号的二维码印在名片上，这样在社交场合与他人交换名片时，就可以趁势将微信号推广出去。名片要设计得个性化一些，特别是公众号二维码的大小、位置以及颜色，要么简洁，要么新颖、引人注意，如图 2-22 所示。

　　运营者在向他人传递自己的名片时，可以顺带介绍一下自己的微信公众平台，

让大家扫描名片上的二维码添加微信公众号，让大家在最短的时间内认识自己。

图2-22 名片推广引流法

## 本 章 小 结

通过学习本章的技巧，不难发现，获取粉丝、客户，其实和做生意的道理是一样的，即先转化身边的、多年积累的人脉资源，先做近再做远。特别要注意的是，在第一次、初期加人时，应该以联络感情、关心关怀为主，不要一上来就打广告、卖产品，这样反而会适得其反。

要学会换位思考，在什么情况下自己愿意加别人呢？在什么情况下，自己愿意接受朋友卖的产品呢？只有将心比心，以情换情，用自己好的产品质量，扣准对方的需求，提供真实、靠谱的有价值服务，才能赢得对方的心。

# 第3章

## 形象优化，9个要点提升客户好感

**学前提示**

想要在朋友圈进行营销推广，就需要塑造自己的形象，包括完善微信头像、昵称、个性签名以及朋友圈封面等，对这些设置进行优化，对朋友圈的营销是有帮助的。

## 018 微信号，要易记易传播推广

微信号是我们在微信上的身份证号码，具有唯一性，从营销的角度来说，一定要满足易记、易传播的特点，这样更有利于品牌的宣传和推广。微信号的字母不宜过多，不然在向对方报微信号时容易造成困扰与疑惑，并且微信号中最好可以包含手机号或 QQ 号之类的数字号码，好记的同时也方便对方联系。

需要注意的是，微信号的设置必须以英文字母作为开头，而不能以数字开头。接下来为大家介绍几种微信号的设置方式。

（1）姓名缩写＋手机号码。

（2）姓名缩写＋ QQ 号码。

（3）英文名称＋手机号码。

（4）英文名称＋ QQ 号码。

如果你的企业有大量客户，并且同时有多个微信号进行操作与维护，可以采取企业名称缩写加序列号的方式来区别，比如 flwh001、flwh002 等。

国内两个著名电商的微信公众号名称如图 3-1 所示，它们的头像、昵称和微信号都是相互呼应的，不仅容易记，也容易传播，相当于自带广告属性。

图 3-1　国内两个著名电商的微信公众号

这两个微信号都非常直白，几乎都是用品牌本身的拼音或者首字母缩写，后面可能加一些别的东西，比如成立的时间等。大家可以借鉴一下，将自己的微信号简化，甚至带上公司或产品信息，方便他人记忆的同时又添加了一个新的广告位。

## 019 昵称取名，呈现独特的理念

纵观微信界面，昵称可谓多种多样，风格不一，其分类主要有以下几种，如图 3-2 所示。

基于图 3-2 中众多的微信号昵称含义和取名类型，可以设置不同的昵称。

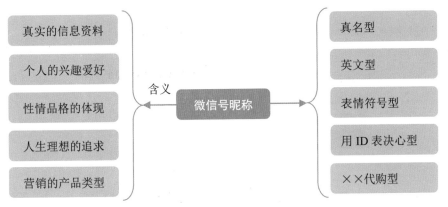

图 3-2　微信号昵称取名分析

在朋友圈里，拥有一个得体又有特色的昵称是非常重要的。对普通人来说可能这个昵称无关紧要，只要自己高兴便好，但对于朋友圈营销者来说，就要仔细斟酌，再三考虑，因为营销者有自己不同的目标，要呈现出独特的理念才行。因此，营销者的昵称一定要有很高的识别度，要考虑两点：易记、易传播。

步骤 01　进入"个人信息"界面，点击"名字"按钮，如图 3-3 所示。

步骤 02　进入"设置名字"界面，输入名字；点击"完成"按钮即可，如图 3-4 所示。

图 3-3　点击"名字"按钮

图 3-4　"设置名字"界面

在起微信昵称时，要注意几个要素，如图 3-5 所示。

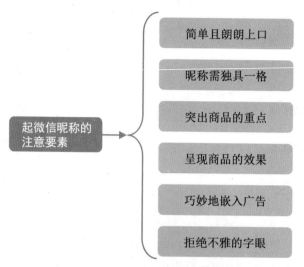

**图 3-5 起微信昵称的注意要素**

在起微信昵称的时候，一定要避免以下几个影响客户好感度的误区。

（1）没有汉字。

（2）全是符号。

（3）使用繁体字。

（4）带有负能量字眼。

（5）名字前面加很多 A。

（6）名字太长，没有重点。

说了这么多要点，还是建议微信起个简单好记的昵称，主要有以下两点好处。

（1）增加信任度，让用户产生一种亲近的感觉。

（2）方便用户记忆，营造记住就不会忘记的效果。

其实使用自己的真名对于提升粉丝信任度是很有帮助的，因为自己的银行卡和支付宝账号都是实名制，用户看到的是真实名字，就会产生好感。如果不想让自己的名字弄得人尽皆知，使用自己的小名也不失为一个好方法。

**专家提醒**

使用广告作为昵称是很危险的，要慎用，因为好友的眼睛是雪亮的，一旦看到广告就会产生一种排斥情绪。另外，信任不是一下子就能建立起来的，是需要长期积累的。俗话说："细节决定成败。"想要得到客户的认可，就要在这些关键点上花心思，潜移默化之下，客户会对你更加信任。

## 020　头像，微信号的第一广告位

现在都讲视觉营销，微信首先进入大家视野的就是头像，令人印象深刻的视觉效果再加上独一无二的营销位置，可谓是为宣传推广锦上添花。这小小的头像就是微信最引人注目的第一广告位，我们一定要用好。

笔者的微信朋友圈里有几千个好友，针对他们的头像进行了分析总结。普通人的头像用两种图片比较多：一是自己的人像照片，二是拍的或选的风景照片。但是侧重营销的人，用人像照片作为头像更加正式。以下三类人像照片用得比较多：一是自己的商务形象照或个人艺术照，二是与明星或更容易获得客户信任和好感的商业大咖的合影，三是自己在重要场合的照片。

不同的头像，传递给人不同的信息。注重营销的朋友，建议根据自己的定位进行设置，可以从这几个方面着手，如图 3-6 所示。

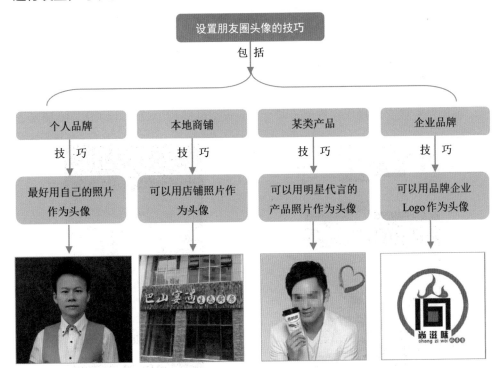

**图 3-6　设置朋友圈头像的技巧**

图 3-6 所示的头像图片，是不是比常规图片显得更有范、视觉效果更美？设置微信头像的方法非常简单，具体操作步骤如下。

步骤 01　进入"个人信息"界面，点击"头像"按钮，如图 3-7 所示。

步骤 02　进入"个人头像"界面，点击右上角的 ··· 图标；在弹出的选项面板中点击"从手机相册选择"按钮更换头像，如图 3-8 所示。

图 3-7　点击"头像"按钮　　　　　图 3-8　点击"从手机相册选择"按钮

步骤 03　进入"最近项目"界面，选择合适的照片，如图 3-9 所示。

步骤 04　按提示操作完成后，即可得到设置好的头像效果，如图 3-10 所示。

图 3-9　"最近项目"界面　　　　　图 3-10　设置好的头像效果

可以参照以上方法，将头像换成对自己营销最有利的图像，但切记要让对方感到真实，有安全感，这样对方才会更加信赖自己，毕竟信任是营销最好的开始。

## 021 个性签名，第一印象很重要

个性签名是向对方展示自己性格、能力以及实力等最直接的方式，所以为了一开始就给客户留下一个好印象，我们应该重点思考如何写好个性签名。如何填写个性签名，取决于我们是想在对方或客户心里留下什么印象，或达到什么营销目的。

个性签名内容具有很强的个人风格，我们设置个性签名的目的主要有两点，一是展示自己的个性，二是展示自己的喜怒哀乐。一般来说，不同用户个性签名的设置有以下 3 种风格。

### 1. 个人风格式

这是个性签名中最常见的风格。选择这种风格的用户会根据自己的习惯、性格特征以及喜欢的好词好句等来编写个性签名。一般来说，普通的微信用户都会选择这种风格设计自己的个性签名，如图 3-11 所示。

图 3-11 个人风格式的个性签名

### 2. 成就展示式

使用这个风格设计个性签名的用户，一般会带有一定的营销性质。但他的身份很少会是直接的销售人员，作为服务人员的可能性更大一些。但他绝对是销售与宣发环节不可缺少的一员。比如，接下来介绍的两位思维导图老师，他们并不直接对外销售课程，也就是说，交易的直接过程他们并没有参与，可是他们同样也进行营销与广告宣传，因为他们是整个销售过程的一个环节，如图 3-12 所示。

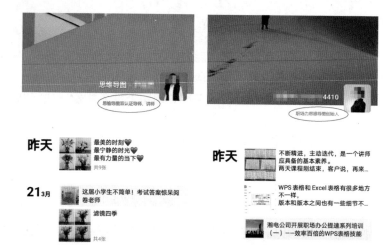

**图 3-12　成就展示式的个性签名**

### 3. 产品介绍式

产品介绍式可以说是销售人员最常用的方式，它采取最简单粗暴的方式告诉用户其营销方向与内容，如图 3-13 所示。

**图 3-13　产品介绍式的个性签名**

除了介绍店铺以外，还可以直接介绍销售商品中的明星产品，一般来说是知名度比较高的产品。

在添加好友的过程中，个性签名十分重要，好的签名能给对方留下深刻的印象。接下来为大家介绍设置个性签名的步骤。

步骤 ⓪1　首先进入"个人信息"界面，点击"更多"按钮，如图 3-14 所示。

步骤 ⓪2　点击"个性签名"按钮，如图 3-15 所示。

图 3-14　点击"更多"按钮

图 3-15　点击"个性签名"按钮

步骤 03　进入"设置个性签名"界面，输入个性签名；输入完成后点击"完成"按钮，如图 3-16 所示。

步骤 04　设置成功后的效果如图 3-17 所示。

图 3-16　"设置个性签名"界面

图 3-17　设置完成后的效果

## 022　朋友圈封面，展现完美布局

从位置展示的出场顺序来看，说头像是微信的第一广告位不假，但如果从效果展示的充分度而言，朋友圈封面的广告位价值更大。大在哪里？大在尺寸。微信的朋友圈封面图，尺寸为480像素×300像素左右，可以放大图和更多的文字，能更全面充分地展示我们的个性、特色以及产品。

下面给大家看看制作精美的朋友圈背景封面效果案例，如图3-18所示。

**图 3-18　制作精美的朋友圈背景封面效果图**

 **专家提醒**

　　大家可以通过制图软件来制作，也可以去淘宝搜索"微信朋友圈封面"，已经有专门做广告的商家为大家量身定制这类主题广告图片了。

步骤 ⑴　更换朋友圈封面的方法很简单，进入"发现"界面，点击"朋友圈"按钮，如图3-19所示。

步骤 ⑵　进入"朋友圈"界面，点击背景照片，弹出带有"更换相册封面"按钮的选项面板；点击"更换相册封面"按钮，如图3-20所示。

步骤 ⑶　进入"更换相册封面"界面后，点击"从手机相册选择"按钮，如图3-21所示。选择一张合适的照片，封面即设置完毕。

**图 3-19 点击"朋友圈"按钮** | **图 3-20 点击"更换相册封面"按钮** | **图 3-21 点击"从手机相册选择"按钮**

## 023 微信状态，激起客户新鲜感

微信状态是能让用户展示当下心情和状态的新功能，可以添加话题、背景、位置以及查看权限，发布的状态持续时间只有 24 小时，过后状态会自动消失。对于营销者而言，选择一个合适的、能够吸引人们关注并激起人们新鲜感的状态，是很有必要的。首先要知道如何设置状态，步骤如下。

步骤 ⑴ 打开微信，进入"我"界面，点击"状态"按钮，如图 3-22 所示。

步骤 ⑵ 进入"我的状态"界面，选择"美滋滋"选项，如图 3-23 所示。

**图 3-22 点击"状态"按钮** | **图 3-23 选择"美滋滋"选项**

步骤 ③ 进入"美滋滋"状态界面，点击"背景"按钮，如图 3-24 所示。

步骤 ④ 在弹出的选项面板中单击"从手机相册选择"按钮，如图 3-25 所示。

图 3-24 点击"背景"按钮

图 3-25 选择相应选项

步骤 ⑤ 进入"最近项目"界面，选择需要展示的照片，如图 3-26 所示。

步骤 ⑥ 输入相关文字，点击"就这样"按钮，即可设置微信状态，如图 3-27 所示。

图 3-26 选择照片

图 3-27 输入相关文字

## 024 重塑形象，改变固有的偏见

说起朋友圈营销，很多人多多少少会产生一些排斥感，因为广告刷屏的概率是最高的，这难免会产生负面影响，营销者的形象在潜移默化中被抹黑。但现在大多数营销者都不会随意刷屏，他们更注重自己的商品质量，从而打造良好的形象。这也是需要时间去积累的，慢慢地改变好友固有的偏见，用行动来证明自己的价值。

营销者想要打造良好形象，一定要建立联系，得到好友的信赖，如图 3-28 所示。

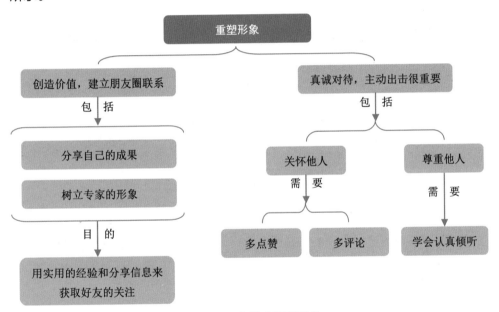

图 3-28 打造良好的形象

专家提醒

很多人对朋友圈营销有一个认知错误，对营销者很反感，认为营销者都是骗子，极度缺乏信任，因此营销者为自己塑造一个良好形象是非常有必要的。

我们都不想看到朋友圈满屏都是广告，所以营销者要换位思考，不要什么都一股脑儿地发到朋友圈里，企图找到自己的存在感，这是很危险的，被好友屏蔽的概率太大了。在朋友圈发的图文，需注意图文的两个特性：实用性和针对性。

因此，在发图文时，一定要经过深思熟虑，要学会筛选有用的、有价值的信息进行发布，要对自己朋友圈的好友进行分析总结，清楚地了解大家的喜好，有针对性地进行营销与推广，少发心灵鸡汤和广告，多发实用的经验和干货，界面做到让好友觉得赏心悦目。其实选择做朋友圈营销，就意味着自己就是一个自媒体。自媒体是现在比较流行的说法，其特点如图3-29所示。

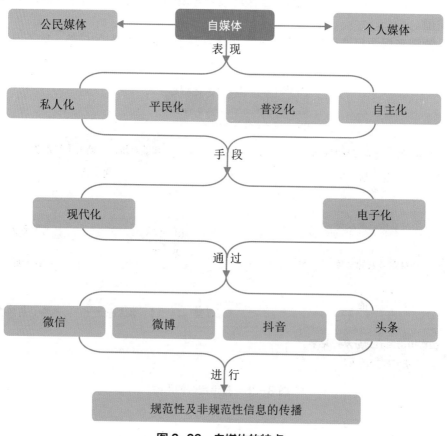

**图3-29　自媒体的特点**

**专家提醒**

在微信朋友圈这个渠道进行营销活动是非常有利的，因为微信好友基本上都是熟人，大部分人还是用自己的名字作为微信号，更具信任感，客户看到真实的姓名，便会产生一定的好感。

## 025 个人品牌，打响品牌的名声

作为朋友圈营销者，要重视个人品牌的打造，要在朋友圈留下深刻印象，要让好友知道自己经营的品牌，也就是要打响品牌名声。笔者在这里提供一些有助于打造个人品牌的技巧，如图 3-30 所示。

| 打造个人品牌的技巧 | | |
|---|---|---|
| | 找到合适领域 | 这个领域一定是你熟悉的，并且还要精通它 |
| | 找到营销产品 | 找到好的产品，可以帮助你的客户解决需求的产品 |
| | 寻找合作伙伴 | 可以找更多有这方面意向的人群与你一起操作 |
| | 选择目标受众 | 精准地找到目标客户，因为你的精力与资源有限 |
| | 发现受众需求 | 分析你的客户的需求点、痛点，越强烈越好 |
| | 建立客户关系 | 要与客户打好关系，多关注对方，建立客源渠道 |
| | 分享你的故事 | 在朋友圈中，向你的客户描述分享你的奋斗故事 |
| | 宣传你的产品 | 分享最好的、质量最高的内容，最快地吸引客户 |
| | 分享免费内容 | 提供免费的试用装，免费的学习视频、电子书等 |

图 3-30 打造个人品牌的技巧

**专家提醒**

微信营销最重要的是要有自己清晰的定位：卖什么东西、如何去营销。

## 026 故事理念，吸引持续的关注

作为一名朋友圈营销者，光卖产品是远远不够的，产品需要有吸引人的价值，才能让用户持续地关注。这可以通过故事来展现，如图 3-31 所示。

**图 3-31　营销者故事理念的作用**

可以说，好的故事是成功的开端，它是我们个性、理念与梦想的承载，可以让好友更深入地了解我们。故事在品牌上的运用也是如此，每一个品牌都有品牌故事，所以营销者自己的品牌也需要有独立的故事，如图 3-32 所示。

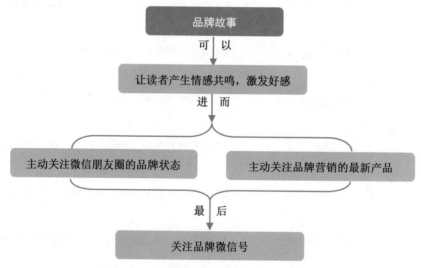

**图 3-32　品牌微信号的故事"吸粉"分析**

在点击量增加的同时，朋友圈的浏览量自然也会慢慢增多，这就是一个好故事带来的力量。故事主要包括 3 种类型，如图 3-33 所示。

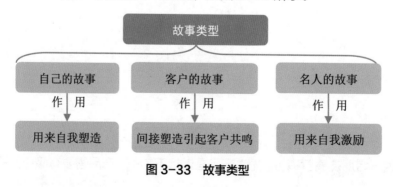

**图 3-33　故事类型**

**专家提醒**

营销者可以通过介绍产品的发展历史和产品背后的故事等来加深用户对产品的了解程度。

其实，故事就是一个很好的广告，看似是说自己的经历，其实是在为自己的产品打广告，并且在故事中可以体现出客户的痛点和痒点，得到用户的共鸣，其中包含 3 大层面，如图 3-34 所示。

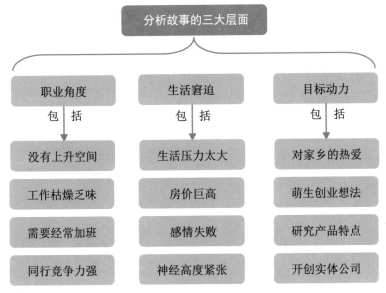

图 3-34　分析故事的 3 大层面

# 本 章 小 结

朋友圈营销如何不讨人嫌，是本章的一个重点，而重点偏偏在细节里，如起一个让人信任的昵称，使用让人信任的照片，设计让人喜欢的个性签名、让人点赞的朋友圈封面以及打造良好形象、品牌理念，这些点滴的细节，一旦多了，便会从量变产生质变。套用一句老话，在打造形象时，"不积跬步，无以至千里；不积小流，无以成江海"。

# 第 4 章

## 建立信任，8 种方式持续讨人喜欢

**学前提示**

在朋友圈进行营销活动时，由于一些不恰当的刷屏，常常会受到好友的排斥、屏蔽甚至拉黑，不但使营销活动大打折扣，还会影响与好友建立的情感。本章将介绍 8 大实用讨巧的方式，建立互相的信任，打造良好的营销氛围。

**要点展示**

# 027 关怀式，情感上的共鸣

营销者要想在朋友圈赢得好友的好感，增加信任感，就要多提升自己的存在感，关心自己的核心好友，点赞加评论是最有效的方法，可以引发情感上的共鸣，具体情形如图 4-1 所示。

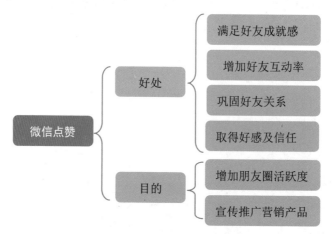

**图 4-1 微信点赞基本情况**

由图 4-1 可知，利用微信点赞的方式让好友记住自己，还能得到被好友关注的机会，原理是：先付出，再回报。看到好友聚会很开心，评论一下，相互关怀，分享快乐，有利于互动交流；还有看到朋友圈发表对于未来的期待和自我激励的状态时，要及时地点个赞，表示对好友的支持和鼓励，好友看到了也会觉得欣慰，如图 4-2 所示。

**图 4-2 点赞支持**

看到朋友圈好友工作一天，忙到很晚才吃饭、休息的动态，可以评论关心一下，对方看到会备感温暖，如图 4-3 所示。

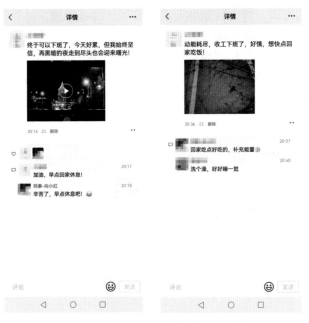

图 4-3　关心好友

## 028　幽默式，打造欢乐氛围

幽默是一种常常与"笑"联系起来从而制造欢乐气氛的话语、动作等形式的总称，通过各种不同的方式，达到幽默的效果，如图 4-4 所示。

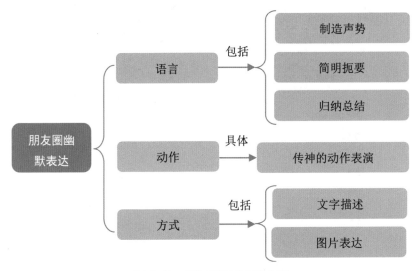

图 4-4　朋友圈幽默表达分析

借助幽默的方式，可以轻松地调动关注者的阅读氛围，从而产生正面效果。因此，营销者不仅要在朋友圈宣传自己的产品，还要多发一些幽默的段子或是让人看了开怀大笑的故事。如果碰巧有好友心情不佳，他看到你发的幽默的内容心情变得愉悦，那么他就会在心里感谢你，对你留下好印象，如图 4-5 所示。幽默不仅能使人开心，幽默的故事常常还富有哲理，能够启发人，使人产生更多的感悟，如图 4-6 所示。

图 4-5　幽默笑话　　　　　　　　　图 4-6　幽默故事

幽默的形式多种多样，比如脑筋急转弯和猜谜语，不仅能让人开怀大笑，还能锻炼智力。人人都有好奇心，这些内容很容易吸引好友的注意力，那么你的朋友圈也会备受关注，如图 4-7 所示。

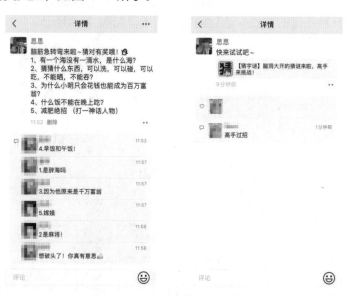

图 4-7　脑筋急转弯与猜谜语

## 029　热点式，吸引用户眼球

所谓"热点"，即可以引起众多人热烈关注的中心事件或者热门信息等，不仅受广大群众的关注或欢迎，还可以增加点击量。热点内容包括新闻报道、信息资讯、热议话题等。

由于微信的特性和本质使得热点得以在微信上传播，如图4-8所示。

图4-8　微信传播热点分析

目前，通过微信朋友圈这一途径来关注新闻或社会热点也不乏其例。尤其是，人们通常不会每天都关注新闻热点，但一定会看朋友圈的动态，且新闻热点的内容人们也是很感兴趣的，如果有人能主动发的话，好友也会点击浏览的，如图4-9所示。还有美食话题也是令人津津乐道的，如图4-10所示。

图4-9　新闻热点　　　　　　　　　图4-10　美食话题

## 030　原创式，风格不落俗套

所谓"原创"，简单地说，即作者自己创作的各类作品。在信息时代，这一概念有了发展，如原创剧本、原创油画以及原创设计等。

在这个抄袭、转载成风的时代，原创故事显得尤为宝贵，又非常具有吸引力，是好友比较想看到的内容，如图4-11所示。

图 4-11　原创故事

作为营销者，分享品牌的故事对产品是一个补充和升华，有利于提升好友对品牌的认同感，如图 4-12 所示。

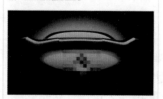

何谓大国品牌

图 4-12　品牌故事

专家提醒

原创文章特指自己写的、非抄袭或转载的博文。

## 031　精准式，消息分组推送

很多人反感朋友圈营销大多是因为刷屏广告，一打开朋友圈全是广告，让人忍不住想要屏蔽，如图 4-13 所示。

**图 4-13　朋友圈的广告**

有的营销者孜孜不倦地发自己的产品广告，一打开他的朋友圈，内容全是广告，如图 4-14 所示。

这样虽然会让好友对他的产品有一定的了解，但是被屏蔽、拉黑的概率太大了，得不偿失，好友就会慢慢地流失，可能连朋友都没得做了。为了避免这样的情形恶化下去，基于 LBS（Location Based Services，基于位置服务）的微信是能够实现精准营销的，如图 4-15 所示。

因此，对于在微信朋友圈发广告其实是有方法的，比如说利用消息分组推送进行宣传推广，将自己的微信好友进行精确的分组管理，就如同 QQ 一样。QQ 都是有分组的，如图 4-16 所示。

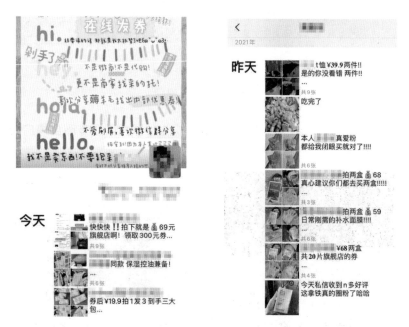

**图 4-14　刷屏广告**

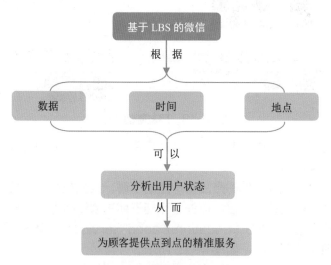

**图 4-15　微信精准营销的实现**

图 4-16　QQ 分组界面

　　根据用户的兴趣爱好、收入水平等对微信好友进行分组管理，就能推送最精确的产品广告，具体步骤如下。

　　步骤 01　进入"新建标签"界面，输入标签名字；点击"添加成员"按钮，如图 4-17 所示。

　　步骤 02　进入"选择联系人"界面，选择需要添加的好友；点击"完成"按钮，如图 4-18 所示。

　　步骤 03　进入"重要客户"界面，点击"完成"按钮，即可新建标签进行分组管理，如图 4-19 所示。

图 4-17　"新建标签"界面　图 4-18　"选择联系人"界面　图 4-19　点击"完成"按钮

# 032 社群式，线上线下活动

简单来说，社群就是将一群有共同目标的人深度聚合在一起的组织，如图4-20所示。

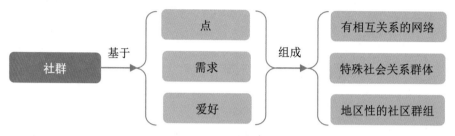

图 4-20　社群组成

社群的主要特征有以下几点。

（1）有稳定的群体结构和较为一致的群体意识。

（2）成员有一致的行为规范、持续的互动关系。

（3）成员之间分工协作，具有一致行动的能力。

一个成功的营销者、一个热卖的产品，一定是有自己核心社群的，无论是在线上还是线下。除了让自己的知识更加丰富与专业之外，更重要的就是用人脉来打造线上线下的活动，让自己在社群圈子的名气越来越大。例如参加大型正式的社群活动，可以丰富自己的经历，通过微信朋友圈，分享自己参加的社群活动，为自己做包装，吸引客户的眼球。

**专家提醒**

　　朋友圈营销是离不开社群的，朋友圈讲究的就是人脉与关系的维护。

另外，需要注意的是，参加有大咖的活动时，想办法与大咖合影或同框，就是为自己制造话题，朋友圈的好友或多或少会有对名人感兴趣的。

除了参加活动以外，还要多举办活动，线上活动可以吸引粉丝，增加流量，而线下活动才是真正增进感情与信任，稳定核心客户的关键，线上线下结合能够双管齐下，为自己的产品造势。例如，某营销者举行线下交流会，请来一些知名人士助阵，包括著名主持人、歌手、演员等。

# 033 吸引式，朋友圈是门面

笔者将朋友圈客户归纳为两类人，一类是我们在现实生活中原本就相熟的亲朋好友，另一类是通过微信扫一扫、名片以及朋友推荐等添加的不认识的人。通常我们添加一个不相识的人的时候，第一反应就是好奇，好奇对方的性别、长相、年龄、爱好、人品以及工作等。那么在哪里可以看到这些资料呢？

大家都知道，在 QQ 上是有一个个人资料页面介绍的，那么在微信上，能最快搜集到这些信息的，当然就是朋友圈了。当营销者与对方成为微信朋友之后，对方可能正一边和你打招呼，一边在翻看你的朋友圈，所以你的朋友圈就相当于你的门面，如果你的朋友圈中整页都是产品广告信息，那么你留给对方的第一印象就是一个推销产品的人，通常这样的人不太讨人喜欢。一个成功的朋友圈营销者，会为自己塑造一个良好的形象来吸引客户的关注。

### 1. 表明远大理想

无论在哪个时代，一个具有远大理想、勇于拼搏、敢于奋斗的人都更容易引起人们的关注和鼓励。所以营销者在分享朋友圈的时候，最好发布一些正能量的内容，不管你是什么性别、什么年龄，有梦想、敢于追逐，什么时候起步都不算晚。让人觉得你积极向上，感受到你个人的热情，不仅能够激励到朋友圈中的客户，还能提高他人对你的评价与看法，吸引人们的关注，如图 4-21 所示。

### 2. 展示真才实学

俗话说：光说不练，假把式。在朋友圈中，营销者不仅要让客户看到你的远大理想、奋斗目标，更要让好友看到你的成功、你的努力，知道你是一个有真才实学、能给身边的人带来益处的人。

营销者在朋友圈中可以分享一些成功的案例，可以是自己的，也可以是自己带的团队的。自然，营销者自己也需要培训学习，这样才能不断地进步，同时把自己学习理解到的知识、技巧分享到朋友圈中，既能给团队、代理做一个学习的榜样，又能让客户看到你的成功、你的真才实学，如图 4-22 所示。

### 3. 表达个人情怀

我们不能否认的是，在朋友圈里一直打广告的人确实是不太招人喜欢的，毕竟当营销者执意要将广告植入他人私生活时，就应该考虑到有可能不被人接受这一点。聪明的营销者在日常营销中也会尽量融入一些更加充满个人情怀的内容，这样不仅不会引人反感，甚至会让人喜欢上他的文风，期待每天看到他发的朋友圈。

多发一些有个人情怀的内容，会使你在朋友圈好友中脱颖而出，成为朋友圈中的红人，并且分享生活中的点点滴滴，也是最容易让别人与你产生互动的方法。

图 4-21　有理想的正能量朋友圈

图 4-22　成功案例

### 4. 体现品位格调

一个有眼光、有品位以及有格调的人，更能被人所喜爱、所追逐。因此朋友圈不要发低俗不雅的信息，而要发有一定品位格调的、源于生活又高于生活的内容，让客户觉得你是一个具有高尚人格魅力的人。

## 034　分享式，传递经验感悟

在微信朋友圈中，营销者除了进行营销时需要发产品的图片和基本信息以外，为了让客户信任自己，也可以分享一些工作内容、工作环境以及工作进展等。

### 1. 分享辛苦

在大多数人眼里，做朋友圈营销很轻松，不用早起上班打卡，坐在家里一边看着电视一边吃着零食，与客户一边聊聊天一边卖产品，在朋友圈发几条产品信息，一边招代理一边还与团队出去吃喝玩乐等。

似乎做朋友圈营销就是很光鲜亮丽的，既有钱赚，又轻松，却很少有人知道营销者背后的努力和付出：经常因为家人的不理解而受到责备；每天有上百个快递要寄，光写快递单就能写到手软；跟团队培训学习到深夜一两点；从上级那里拿产品、给产品拍照片、修照片、发朋友圈、带代理、培训等都要干。

营销者在朋友圈营销过程中，平时除了在朋友圈中发产品的图片和产品信息之外，还可以偶尔跟客户诉诉苦，将自己拿货、发货以及深夜上课培训的照片分享在朋友圈中，让客户看到一个努力认真为这份事业打拼的营销者，赢得客户的信任。

### 2. 分享激情

生活不仅有辛苦，还有着为梦想奋斗的无限激情，想要得到客户对你的认可，就要有可以激励人心的感染力。营销者可以在朋友圈中分享自己或团队积极乐观、拼搏上进的有激情的内容，或是一些营销大咖的成功案例，这样能起到鼓舞士气的作用，潜移默化下，客户会对你更加信任。

### 3. 分享感悟

站在巨人的肩膀上，可以离成功更近一些。人们总喜欢看成功人士的演讲和他们取得成功的故事，反映出人们内心对成功的渴望，希望能从中得到启发或者说找到成功的捷径。而营销者从走上朋友圈营销的道路开始，每个人的收获都不一样，心得感悟也是不一样的，所谓前人栽树后人乘凉，这句话不是没有道理的，营销者在朋友圈中可以多发一些营销心得感悟，可能一些刚入门或准备做朋友圈营销的人，会对这些心得感悟产生不一样的联想启发，从而有所收获。

### 4. 分享信息

相同种类的产品，售卖的肯定不止你一家，怎么让客户相信你，从而购买你的产品呢？首先，朋友圈营销做的是可持续性的、长久性的运营，那么就要保障产品品质，有口碑才能带来销量。其次，营销者要把对自家产品相关的新闻、明星代言的视频以及质检合格证明等信息，准确分享至朋友圈中，有图有真相，才更有说服力。

### 5. 分享体验

这里的体验是指使用产品后的体验效果。第一个使用产品的自然是营销者自己，营销者可以将自己使用产品时的过程拍照或拍个小视频分享在朋友圈中，并和客户分享使用后的效果体验，引导客户购买产品，客户用过后的使用体验和你一致，会促使他们再一次购买你的产品，还能获得客户对营销者的认可，效果好还会帮你做宣传。

### 6. 分享社交

上一节说过，朋友圈要给人以有品位、有格调的感觉，优秀的人往往深受他人的喜爱，甚至会去学习模仿。从你的朋友圈就能看出你是个什么样的人，聪明的营销者在朋友圈分享自己的生活、人际关系时，会选择与朋友圈营销大咖、代言明星的合影等，有很多人认为自己的生活枯燥、乏味，从他们的角度来看，你简直就是在享受着高品质的生活，会好奇你还认识哪些名人、大咖，因此他们对你的关注度就会一直持续下去。

### 7. 分享团队

现如今做朋友圈营销从来都不是一个人，其背后还有一只庞大的营销团队，团队是营销者最坚实的后盾，团结互助才能促进团队的强大，团队越强大，才能在朋友圈营销道路上走得更长久。在朋友圈中分享自己的团队、分享团队培训、聚餐、旅游等活动照片，让客户知道，你并不是一个人，你销售的产品都是有来源的、是正规的，让客户可以放心购买你的产品。

### 8. 分享新人

老话说得好：耳听为虚，眼见为实。要想吸引更多的人加入你的团队，和你一起做朋友圈营销代理，在朋友圈说得再天花乱坠、再厉害、再成功，人家顶多只会信你三分，所以营销者需要经常在朋友圈中分享新进的代理名单、合照以及新代理加入团队时的聊天记录截图等，让原本还在观望状态的、有意向的客户或好友下定决心加入你的团队。

### 9. 分享进展

从什么都不懂的新人到带团队，都是经过培训学习，一点点累积的成长历程，其中的进展过程，营销者都可以将其分享至朋友圈中，让客户看到你的进展，看到你的改变及成长。特别是你从刚开始做朋友圈营销时的老客户，看到你的成长历程，会产生一种感同身受的共鸣。新人看到，也会以你为榜样，向你学习，对你更加尊重和信赖。

## 本 章 小 结

朋友圈营销的平台，其实是自媒体商业的一个很好的转变，例如"罗辑思维"和"papi 酱，一个是通过每天 60 秒语音为大家分享图书知识，一个是通过视频间断式地为大家放送轻松搞笑的内容，他们俩成功有一个核心，即为大家分享，为大家做贡献在前，然后积累了大量人气，他们通过持续的努力和付出，都做到了让别人先喜欢他们。一个很简单的道理便是：欲先取之，必先予之。

# 第 5 章

## 引导流量，11 种方法火爆营销圈

**学前提示**

想要获得微信朋友圈人气，拥有更多的好友和粉丝，就要增加自己的曝光率，将焦点引导到自己的产品上，本章将介绍 11 种引流方法，让营销者的微信朋友圈火起来！

## 035  实体店，回头客的直接目的地

针对有实体店的营销者，为了能够运用微信渠道进行更多的互动和交流，营销者可以将二维码张贴在店面显眼、方便客户扫描的位置，二维码越大越好，这样就能吸引到更多新客户。实体店是一种很好的增粉渠道，想做微信营销的人一定要好好利用这个资源。实体店的好处有如下几点，如图 5-1 所示。

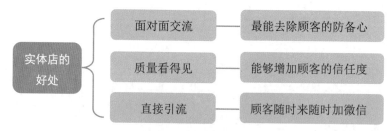

图 5-1  实体店的好处

实体店拓展粉丝的具体方法有几点，如图 5-2 所示。

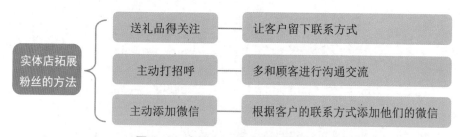

图 5-2  实体店拓展粉丝的具体方法

做到以上几点后，要做的就是坚持，这样顾客就算不买衣服，过段时间也会买你的化妆品。

## 036  活动吸粉，线上线下双管齐下

营销是要靠活动支撑的，如果只是单纯的广告植入，它的关注度和阅读率是很低的。营销者微信想要吸引众多粉丝，活动推广也是其中重要的一环。

### 1. 线上活动

线上活动是一种低成本的互联网营销推广方法，也是吸引用户参与、提升产品黏度以及增强用户互动的有效手段。线上活动多种多样，有投票、有奖转发、公益捐赠以及手气测试等方式，营销者可以通过在线上组织活动来达成关注相关公众号的目的，如图 5-3 所示。

图 5-3　线上活动推广

线上活动是一种通过做活动来达到关注者数据裂变的引流方法，在互联网和移动互联网已经非常普及的今天，有着它自身的特点和要求，如图 5-4 所示。

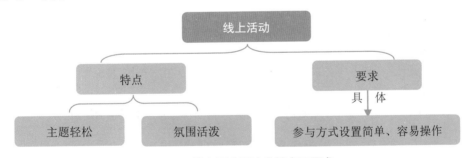

图 5-4　线上活动引流的特点和要求

好的活动需要有特别打动参与者的爆点设计，这个爆点可以是十分具有吸引力的奖品、公益奉献爱心或精神奖励等，总而言之，要抓住用户的需求核心，再结合营销者本身的业务和能力设置礼品。

2. 线下活动

线下活动的种类众多，如图 5-5 所示。这些都是人流集中的活动场合，营销者可以通过这些活动实现营销引流。

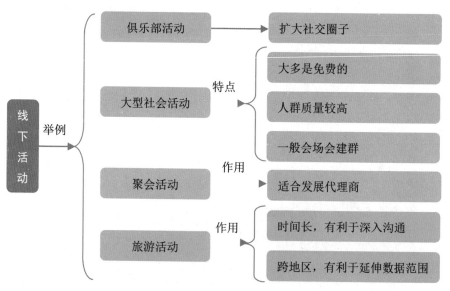

图 5-5 线下活动举例介绍

在众多线下活动的选择中，应该注意从以下 4 个方面着手，如图 5-6 所示。

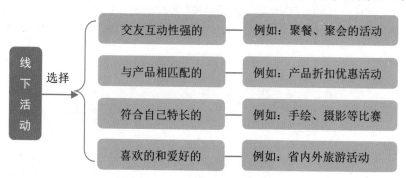

图 5-6 线下活动的选择分析

在推广形式上，线下活动引流可以用广告的形式来推广微信号二维码，比如组织线下活动使用扫一扫二维码时，可以制作比较大型的二维码纸盒，更容易吸引人们的注意力。

# 037 QQ 平台，营销者必须巩固的阵地

作为较早的网络通信平台，QQ 平台的资源优势以及庞大的用户群，都是营销者必须巩固的阵地，QQ 群、QQ 空间就是大家引流的前沿。

下面介绍 3 种在 QQ 平台中为微信号引流的方法。

### 1．QQ 个性签名引流

QQ 个性签名是和 QQ 头像、QQ 昵称一样会直接在 QQ 好友栏显示的信息，但 QQ 头像展示的内容有限，QQ 昵称又可能被备注覆盖，所以 QQ 个性签名更加适合进行引流。营销者只需通过编辑个性签名就可以将需要引流的微信号信息展现在自己 QQ 好友的好友栏信息之中。

### 2．QQ 群引流

目前，QQ 群分出了许多热门分类，微信营销者可以通过查找同类群的方式加入进去，进群之后不要急着推广引流，先在群里混成"熟脸"，之后可以在适当的时期发布广告引流。关于在 QQ 群内利用信息推广实现引流的方法举例如下。

（1）QQ 群公告。

（2）QQ 群相册。

（3）QQ 群小店。

（4）QQ 群共享。

（5）QQ 群活动。

（6）QQ 群精华消息。

就 QQ 群精华消息的推广与引流方法而言，可以通过相应人群感兴趣的话题来引导 QQ 群用户的注意力。如在摄影群里，可以发布一段这样的内容并设置为精华消息：小伙伴们，我今天关注了一个微信号"手机摄影构图大全"，里面有篇文章写得很好，是关于手机摄影的构图技法和辅助配件的，有兴趣的朋友一定不要错过。

### 3．QQ 空间引流

QQ 空间是营销者可以充分利用起来进行引流的一个好地方，下面就为大家具体介绍 5 种常见的 QQ 空间引流方法，如图 5-7 所示。

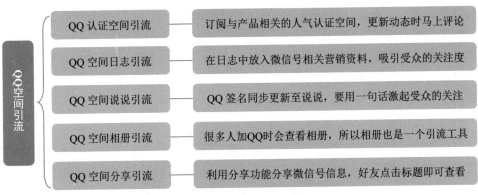

| QQ空间引流 | QQ 认证空间引流 | 订阅与产品相关的人气认证空间，更新动态时马上评论 |
| | QQ 空间日志引流 | 在日志中放入微信号相关营销资料，吸引受众的关注度 |
| | QQ 空间说说引流 | QQ 签名同步更新至说说，要用一句话激起受众的关注 |
| | QQ 空间相册引流 | 很多人加QQ时会查看相册，所以相册也是一个引流工具 |
| | QQ 空间分享引流 | 利用分享功能分享微信号信息，好友点击标题即可查看 |

图 5-7　5 种常见的 QQ 空间引流方法

## 038 微信平台，强强联手实现共赢

对于许多营销者来说，做到低成本、高效率地推广似乎是一个永恒的难题，其实利用微信进行营销的时候，积极地与其他营销者寻求合作，将彼此的资源共享，甚至可以达到 1+1>2 的效果。下面介绍大号互推、平台互推以及小程序推广 3 种推广方式。

### 1. 大号互推

通过爆款大号互推的方法，即微信号之间进行互推，也就是建立微信号营销矩阵，强强联手实现共赢。相信大家在很多微信群中，曾见到过某个微信号给一个或者几个微信号的产品信息进行推广的情况，这种推广方式算得上是微信号互推。他（她）们可能是互相认识的朋友，甚至会约定好有偿或者无偿地为对方进行微信号推广，最好是找一些营销大咖来帮你推广，他（她）们的凝聚力和影响力都比较强，大家进行微信号互推其实就是资源共享。

营销者在采用微信号互推引流吸粉的时候，需要注意的一点是，找的互推微信号销售的产品类型尽量不要与自己的产品是一个类型的，因为这样营销人员之间会存在一定的竞争关系，两个互推的微信号之间尽量以存在互补性关系较好。举个例子，你的微信号是销售护肤产品的，那么你选择互推的微信号时，就应该先考虑找那些销售补水仪等仪器类的微信号，这样获得的粉丝才是有价值的。

微信号之间互推是一种快速涨粉的方法，它能够帮助营销者的微信号在短时间内获得大量粉丝，效果十分可观。

### 2. 平台互推

有很多风格相似的微信公众号，可以联合起来互相推广，这个方法和大号互推有异曲同工之处。对于客户来说，经常会看到一些媒体账号在公众号里面推送其他的微信公众账号，通常用诸如"你不可错过的十大微信公众账号""清新雅致的读书号在这里"等标题来命名。如果你的微信公众号平台有了一定的粉丝量，那么你就可以找到和你差不多粉丝量的公众号，例如找到 10 个左右，然后和他们商量好，在各自的平台互相推广对方的微信公众账号，这样就可以将粉丝共享，达到双赢的目的。

### 3. 小程序推广

小程序是微信里不需要下载就能使用的创新应用，小程序在微信中的入口非常多且方便，用户轻松扫码、直接搜索关键词以及下拉聊天列表便可以随时打开使用。小程序的用户在微信"发现"界面打开微信小程序，可以直接查看、浏览

附近已开通小程序功能的店铺，还可以轻松了解到店铺的产品、地址以及联系方式等信息，如图 5-8 所示。可以说，附近的小程序又为营销者增加了热度和曝光度。营销者可以直接将小程序分享给好友或好友群中，然后在小程序上使用一些营销手段，触发用户的主动分享行为，达到裂变客户的目的，对于营销者而言，这无疑可以带来巨大的流量。

**图 5-8　附近的小程序营销**

## 039　今日头条，增加产品的曝光率

今日头条媒体平台，不仅可以帮助营销者扩大自身影响力，还能增加产品曝光率和关注度。营销者注册了头条号后，要想把这一渠道运营好，就必须在多个模块上下功夫。今日头条的几个运营模块介绍如图 5-9 所示。

如今，很多已经成为超级 IP 的网络红人都开通了头条号，推广传播自己的品牌以及实现内容变现的目标。这对于客户来说可以获得更好的使用体验，而对于营销者来说，可以拴住更多用户的"心"。名为"手机摄影构图大全"的头条号推出新书的时候就写了一篇文章，将具体信息发布在今日头条平台上，引导读者购买，并在回复读者的评论区中，顺势放入了作者的公众号，如图 5-10所示。

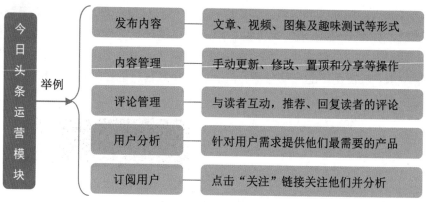

图 5-9　今日头条运营模块举例介绍

图 5-10　通过内容和评论引流

## 040　短视频平台，引流好用又好玩

随着互联网的飞速发展，网红经济的出现带动了短视频行业的崛起。短视频的内容时长一般是几秒到几分钟不等，符合人们碎片化阅读的习惯，人们在闲暇时间都可以观看。短视频内容丰富有趣、制作简单以及参与互动性高等特点，吸引了一大批黏性高的活跃用户。

短视频平台目前拥有了亿级单位的用户规模，营销者一定要利用好这份得天独厚的资源，制作发布短视频，不断提高自己产品的曝光度和热度，将流量变现。下面介绍 3 种短视频平台的引流方式。

### 1. 抖音

抖音作为国内较火爆的短视频平台，日活跃用户量曾高达 6 亿，所以营销者将抖音上的用户引流到微信里进行深度沟通，能更好地实现商业变现。一般来说，主动添加营销者的流量都带有某种需求，所以更加精准。那么如何使用抖音进行引流呢？主要有以下几种方法。

1）视频植入引流

营销者根据产品的类型将抖音账号定位，定位越精准、越垂直，吸引到的用户就越精准，变现也更轻松。营销者在介绍产品时，可以将相关信息植入视频中，这样用户刷视频就可以直接了解到渠道。不过营销者需要注意，植入不要太过夸张、频繁，以免抖音官方对账号进行限流。

2）上传音乐标题引流

抖音在制作视频时，用户可以自己上传音乐并设置名称，只要上传的音乐有其他用户使用，所有引用了该音乐的视频下方就都会显示该音乐标题。所以营销者在上传视频的时候，可以将音乐标题设置成自己的微信号，无形之中就成了一个引流的渠道。

3）个人简介引流

营销者可将自己的微信号放置在抖音个人简介中，抖音用户点进营销者主页就可以一眼看到，有意向合作者也可以通过这些信息与营销者取得联系，达成合作。但由于抖音与微信并不是属于同一个公司，营销者在个人简介中介绍微信号引流时，建议采取一些隐晦措施，如使用谐音或字母符号代替，以免被官方限流或封号处理，如图 5-11 所示。

4）评论区引流

除了靠自己的视频火爆引流之外，营销者们还可以通过在热门视频或同行视频下评论引流，吸引有兴趣的用户关注，如图 5-12 所示。

营销者可以先编辑好引流的话术，评论里面不要直接留下微信号，这样做容易被系统检测到，比较稳妥的做法是在用户评论中选取点赞量较高的几条，隐晦地留下自己的联系方式。一般很精彩的评论也会获得很高的点赞量，从而排在评论榜首。营销者初期运营抖音时，建议每一条评论都认真回复，不仅可以让用户感觉到被重视，也可以增加账号权重。

除此之外，营销者也可以创立一个小号，用自己的大号关注小号，并且在评论区提示用户关注、私信小号。这样不仅能减少大号被封号的危险，也能间接地为小号引流，如图 5-13 所示。

图5-11 个人简介引流

图5-12 评论区引流

图 5-13 评论区小号引流

5）私信引流

抖音私信功能可以使营销者对未关注的粉丝发送 3 条私信，营销者可以根据自己产品的属性在抖音搜索关键词，通过搜索结果对目标用户发送私信进行引流。如果营销者账号内容质量好，也会有很多用户主动过来私信询问产品，这时营销者只需要回复私信即可，如图 5-14 所示。

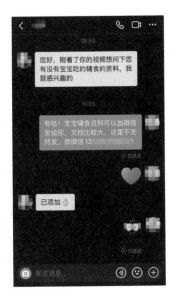

图 5-14 私信引流

私信的形式可以图文结合，尽可能地吸引、引导用户添加微信，减少用户的抵触心理，增加信任度。值得注意的是，营销者在私信内容里不要植入太过明显的营销元素，容易引起用户反感。

### 2. 快手

快手和抖音虽然是两个不同的短视频平台，界面、规则以及功能等方面可能有所不同，但引流的方法却是万变不离其宗的。营销者同样需要在快手的个人主页尽可能多地展示自己的产品信息，所有的联系方式都需要隐晦表达。

快手与抖音平台类似的引流方法在此不再赘述，下面主要介绍快手与抖音不同的引流之处。在抖音平台上，用户不能自主筛选视频内容，只能一条一条地往下刷，但快手平台的"发现"界面将视频进行了频道分类，如图5-15所示。

营销者可以根据产品将视频进行定位，快手视频给用户提供了更多自由选择的机会，所以营销者视频的封面图显得尤为重要，视频的封面图要清晰，还要与主题内容相契合，让用户第一眼看到就能被吸引住眼球。

### 3. 西瓜视频

西瓜视频是今日头条旗下的独立短视频App，也就是说，西瓜视频能与今日头条相互关联，在平台内部直接引流。西瓜视频平台本身也有激励制度，优质视频是能够获取收益的。除了发布视频之外，营销者还能够发送纯文字或"文字+图片"的动态与粉丝进行沟通互动。

根据西瓜视频的界面设置，营销者需要根据产品定位，将账号名称、视频介绍以及视频封面打造得较为一致和精准，这样才能更好地吸引目标客户的眼球，如图5-16所示。营销者可以在视频内容里植入联系方式，让客户主动找到你，凡是主动找上门的大多是精准客户。

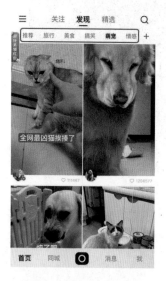

图5-15　快手视频分类

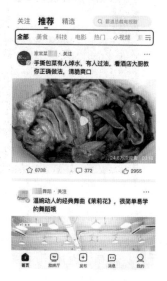

图5-16　西瓜视频分类

为了提高视频的曝光度和热度，营销者可以将视频制作得更精美、有特色，视频的具体剪辑方法在第 9 章有详细介绍。俗话说"不要把鸡蛋放在同一个篮子里"，营销者可以将视频投放在多个平台。无论是在哪个短视频平台，平台都更认可、推荐原创视频，营销者多进行原创才能获得更多的流量支持。

## 041　问答平台，产品信息一站推广

如今人们已经可以"不出家门尽知天下事"了，当人们遇到不了解或是难以解决的问题时，一般来说都会选择在网络上寻找方法。有问题就会有答案，营销者也可以在网络上搜索产品的关键词，搜索到其他用户提出的相关问题并在下面进行解答引流。各个问答平台的界面、操作以及规则可能有所不同，但引流的方法却差不多，下面主要介绍在问答平台如何引流。

首先，营销者最好是在同一平台创立多个账号，立足于目标客户的角度思考，在相关的词条下用小号进行提问，再用大号进行回答。营销者提前准备的问题、回答要具有客观性、公平性以及实用性，并将回答里的图片加上专属的水印进行引流。一番精彩回答后，在文章末尾隐晦地留下自己的联系方式。

其次，营销者可以通过产品定位和在问答平台搜索关键词，找到其他用户提出的相关问题进行解答，帮助他人解决难题可以为自己涨粉。除此之外，营销者还可以加入相关产品话题的讨论组、群聊，与其他用户一起畅所欲言的同时顺便推广引流。

下面举例介绍几个比较知名的问答平台的特点。

（1）知乎：注重版权保护，内容质量高，提供付费咨询、个性化服务。

（2）悟空问答：属今日头条旗下，推荐机制完善，领域细分具体，明星入驻。

（3）新浪爱问：属新浪旗下，用户基数大，回答内容可带广告、联系方式。

## 042　新媒体平台，定制的引流平台

说到营销引流，新媒体平台是必不可少的，它是如今互联网中有着巨大潜力和机会的营销渠道，是定制的引流平台。下面介绍各大新媒体平台是怎样进行渠道营销引流的，如图 5-17 所示。

以"简书"为例，不仅可以通过回复读者留言引流，在"个人介绍"栏内还可以添加自己营销的微信号或公众号，当鼠标指针移至微信标志上时，还可以弹出二维码，如图 5-18 所示。

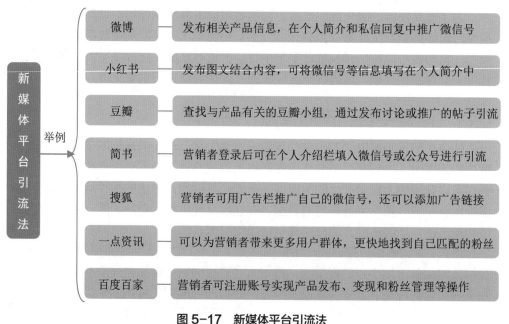

**图 5-17  新媒体平台引流法**

**图 5-18  简书引流方式**

# 043  电商平台，获取流量的主渠道

电商渠道是获得流量、利用流量推广和营销的主要渠道之一，特别是在移动电商高速发展的情况下，淘宝、京东以及拼多多等电商平台被更多的运营者考虑到推广领域中，且策略越来越成熟，方式也更加多样化，如图 5-19 所示。

人们购买商品时习惯去看评论，聪明的营销者就会抓住消费者的这个心理，在评论区进行引流，并且在"当当"上不用购买商品，也是可以评论的。如

图 5-20 所示，为某营销者在"当当"商品评论区留下的微信号，营销者们可以借鉴一下。

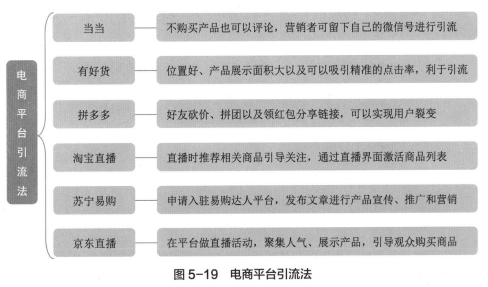

图 5-19　电商平台引流法

图 5-20　"当当"商品评论区

## 044　百度平台，产品营销更有效率

当你问别人问题的时候，是不是常常会得到"百度一下你就知道"这样的回答？其实这句话就足以显示出百度的实力了，这么多年过去了也依然是人们获取信息、查询资料的重要平台，利用好了，产品营销更有效率。

所以用百度平台引流，一定是营销者不可错过的选择，而且如果其他用户能在百度平台上找到与营销者产品或微信号相关的信息的话，营销者的微信号就等于获得了流量入口。百度平台上开展引流活动时通常将以下几个百度产品作为主要途径，如图 5-21 所示。

图 5-21　百度平台引流途径

下面具体介绍上述几种引流途径。

### 1. 百度百科

在百度上搜索某一个关键词的时候，排在首页里的就是和你搜索的关键词相关的词条信息，如图 5-22 所示。

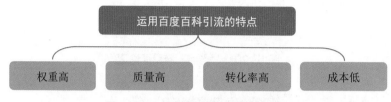

图 5-22　百度百科词条

营销者运用百度百科引流具有以下几个特点，如图 5-23 所示。

图 5-23　运用百度百科引流的特点

### 2. 百度文库

百度文库是一个互联网分享学习的开放平台，怎样利用百度文库进行引流呢？利用百度文库进行引流的关键点有 3 个，下面对这 3 个关键点一一进行讲解。

1）设置带长尾关键词的标题

百度文库的标题中最好包含想要推广的长尾词，如果关键词在百度文库的排名还可以，就能吸引不少流量。

2）选择的内容质量要高

在百度文库内容方面，推广时应尽量撰写、整理一些原创内容，比如把一些精华内容制作成 PPT 上传到文库。

3）注意细节问题

在使用百度文库进行引流的时候，也需要注意一些细节，具体如下。

(1) 注意内容的排版，阅读起来舒服的内容更容易被接受。

(2) 注意文库的存活时间，文库很快就被删掉便实现不了效果。

### 3. 百度知道

"百度知道"是一个分享提问答案的平台，百度知道引流法是指在百度知道上，通过回答问题的方式，把自己的广告有效地嵌入回复中的一种方式，它是问答式引流方法的一种，其特点是用户转化率高以及客户信任度高。

在百度知道这种间接性营销引流的方法中，营销者应该一直以客户为中心进行思考，从企业方面而言，就是目标客户定位的问题，具体内容如图 5-24 所示。

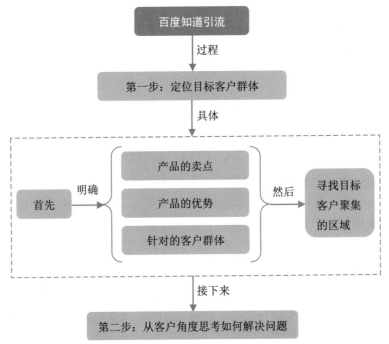

图 5-24 百度知道营销引流的过程分析

百度知道是一个很好的平台，但也存在一些担忧，直接发出来的广告是会被删除的。如何利用百度知道来提升引流的实际效果，是每一个微信营销者需要考虑的问题。很多营销者不想采取百度知道进行引流，有两方面的原因，如图 5-25 所示。

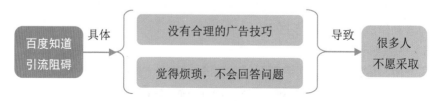

**图 5-25　阻碍采取百度知道引流的原因**

### 4. 百度风云榜

如何利用百度热词进行引流呢？首先在电脑上打开"百度风云榜"，寻找热门关键词，如图 5-26 所示。

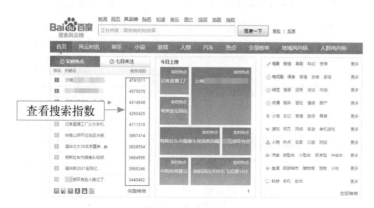

**图 5-26　查看搜索指数**

从实时热点、排行榜上，我们能够知道哪些关键词在百度上被搜索的次数较多，这些被搜索次数较多的关键词就叫作"热词"，然后营销者可以结合"热词"发软文，将自己的产品与关键词融合，在各大平台上发表这些融合了关键词的软文，这样，只要网友搜索关键词，就能看到相关的软文。

### 5. 百度贴吧

百度贴吧是一个以兴趣主题聚合志同道合者的互动平台，也是营销者引流常用的方法之一。下面为大家介绍百度贴吧引流的 5 个常用的操作技巧。

1）根据需要选择冷 / 热门贴吧

选择冷门贴吧和热门贴吧的区别，如图 5-27 所示。

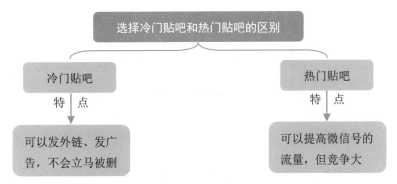

图 5-27　选择冷门贴吧和热门贴吧的区别

2）内容涉及宣传一定要用软文

在贴吧发帖最重要的就是帖子的内容，这一部分好坏的把控直接影响贴吧引流的效果，所以微信运营者可以尝试在贴吧里发布软文，因为软文能够起到如图 5-28 所示的效果。

图 5-28　在贴吧发布软文的效果

3）内容结合时事热点进行引流

帖子要想成为贴吧中的热门帖，内容一定要结合时事热点，比如一些时事新闻或者娱乐八卦等，这样做能够吸引更多读者的注意力，激起读者的好奇心，从而吸引更多的点击率，提高平台的关注率。

4）标题关键词设置要有吸引力

设置标题关键词的重要性已经不需要再强调了，关键词越多，被搜到的可能性就越大。

5）充分利用目前火爆的直播功能

目前各大平台里的直播功能都很火爆，还出了专门的直播 App，所以贴吧的直播功能也是一个很好的引流方法。

6. 百度经验

百度经验的权重虽说没有百度百科、百度知道以及百度贴吧高，但是百度经验作为一个高质量的外链效果还是很好的。百度经验引流方法的设置如图 5-29

所示。

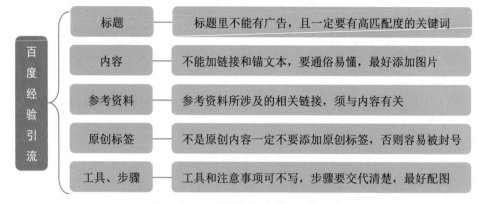

图 5-29　百度经验引流方法的设置

# 045　地图引流，产品营销的指南针

随着公共交通的发展和完善，人们越来越喜欢出门远行，地图就是人们出行的必备工具，不仅可以帮助我们搜索路线位置，还能查找店铺、美食、酒店以及热门景点。

使用地图的用户数以亿计，如此庞大的用户群，营销者们可以地图来标注自己的店铺产品信息，以此进行推广引流，如图 5-30 所示。常用的地图软件有高德地图、百度地图、腾讯地图以及苹果手机里的自带地图。

图 5-30　高德地图商家入驻

# 本 章 小 结

不论是开实体店，还是做朋友圈营销，最怕的是什么？没有人气！而人气怎么来？都是一个一个做起来的，因此只要是能用的方法尽量用，能不错过的时机尽量抓住。

本章介绍的 11 种方法，不一定是最好的办法，因为每个人的经营内容和客户定位不一样，因此这些方法仅当抛砖引玉，为大家提供一个借鉴。

利用每一个地点、每一处时间节点以及每一次人流的机会，心中时时、处处存着"增加人流"的思想，并付诸行动和坚持，必有效果，正所谓："念念不忘，必有回响！"

# 第 6 章

## 轻松美图，10 大方法营造视觉诱惑

**学前提示**

　　朋友圈的营销推广离不开精美的图片，学会对图片进行美化，用图片来吸引用户的眼球是每个营销者必学的技能，本章将介绍使用多款手机修图软件进行图片美化的方法。

# 046　手机修图，6 大神器任你挑选

学会美图是每个营销者必学的技能，几乎所有人都有能拍照的手机，但是懂得为图片后期修图的营销者却寥寥无几，而修图 App 可以帮助你练就一手出色的后期处理技术，建议用手机拍照的营销者至少在手机上安装一到两个。

### 1. 醒图

"醒图"是一款操作简单、功能强大的全能修图 App，涵盖手机人像美化、美容以及拼图等各种需求，可实现一键智能美图，包含有滤镜、贴纸、文字、涂鸦、翻转、缩放以及自定义背景图等功能。

"醒图"App 中比较厉害的黑科技就是修复老照片，用户可以上传以前画质不那么清晰的照片，利用"醒图"一键还原高清画质；还有"国潮漫画"可以将自己的图片一键变身为动漫头像以及"醒图发廊"在线拯救发际线等有趣玩法，如图 6-1 所示。除此之外，"醒图"还有专门的模板提供给用户进行选择，包括热门、抖音爆款以及其他不同类型的模板，用户可以选择自己喜欢的类型一键操作，利用简单的操作制作精美的图片，如图 6-2 所示。

图 6-1　"醒图"的趣味玩法　　　图 6-2　醒图模板

### 2. 美图秀秀

"美图秀秀"使用平台极广，有电脑版、手机版、网页版。其中，手机版还包括了 iPhone 版、Windows Phone 版、Android 版以及 iPad 版等，用户群

体非常大，用"美图秀秀"的营销者也比较多。

"美图秀秀"具有图片美化、人像美容、拼图抠图、视频剪辑以及视频美容5 大亮点。其功能涵盖动态饰品、文字、边框、场景以及制作魔法照片等多种需求功能。人像美容处理效果如图 6-3 所示。

图 6-3　人像一键美容处理效果

### 3. VSCO

VSCO 是时下一款非常流行且功能强大的修图软件，包含了相机拍照、图片编辑以及图片分享 3 大功能。VSCO 内置了数量众多的胶片滤镜、图片基础调整工具，用户可以通过它对图片进行快速处理，创造出令人着迷、胶片味道十足的手机摄影作品，如图 6-4 所示。营销者们平时除了在朋友圈中发送产品信息外，还可以多发一些个人的图片，缓解客户的审美疲劳。

图 6-4　胶片色调效果

### 4. Snapseed

Snapseed 是一款优秀的手机数码图片处理软件，可以帮助用户轻松美化、转换图片，用户还可以通过 Snapseed 内置的样式功能，选择不同的图片风格，也可以选择不同的导出方式，更方便地在朋友圈中分享图片。

Snapseed 的主要功能包括修图工具和滤镜两个部分，其中，修图工具包括了调整图片、突出细节、裁剪、旋转、视角、白平衡、画笔、局部、修复、晕影、文字以及曲线调整等功能，可以调整图片的各项参数。如图 6-5 所示，为对图片的饱和度、氛围和暖色调 3 个参数进行调整前后的效果对比。

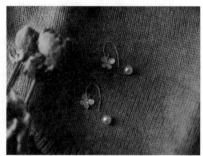

**图 6-5　图片参数调整前后效果对比**

### 5. 黄油相机

"黄油相机"是一款具有文艺清新风格的手机相机应用，提供了多种美化和编辑功能，并且精选了海量经典的图片美化模板，营销者可以在线选择喜欢的模板和背景，将图片瞬间变得像海报一样好看。

另外，备受营销者用户青睐的一点是，"黄油相机"的图片处理过程形成了一种流程化的处理，如裁剪、调节、滤镜和文字等，我们只需根据顺序进行处理即可。如图 6-6 所示为耳环图片处理效果。

**图 6-6　耳环图片处理效果**

### 6. MIX 滤镜大师

"MIX 滤镜大师"App 由 Camera360 推出，内置了 100 多款创意滤镜、40 多款经典纹理，并具有十分完善的专业参数调节工具，可以帮助用户轻松修片，为用户带来创意无限的图片编辑体验。

"MIX 滤镜大师"的滤镜效果类型比较丰富，有胶片、人像以及 MIX 经典等多种滤镜风格，我们可以根据不同的调色需求选择使用。下面这位营销者就是用"MIX 滤镜大师"将处理好的戒指图片发送至朋友圈分享，效果如图 6-7 所示。

**图 6-7　戒指图片处理效果**

# 047　调整亮度，让图片更清晰

所谓"亮度"，也称为"明度"，表示色彩的明暗程度，如图 6-8 所示。

从图 6-8 中可知，亮度过高会有诸多方面的损害，然而，曝光不足也是不适宜的，这是很多图片存在的问题，这类图片往往细节不够丰富，颜色暗淡，使用"美图秀秀"可以有效地调整图片的亮度，让图片更清晰。下面介绍调整图片亮度的操作方法。

**步骤01** 打开"美图秀秀"，点击"图片美化"按钮，如图 6-9 所示，选择一张需要调整亮度的图片。

**步骤02** 进入"图片美化"界面后，点击"调色"按钮，如图 6-10 所示。

**步骤03** 进入"调色"界面，点击"亮度"按钮，在图片下方拖曳"亮度"滑块至合适的位置；调整完毕后点击☑按钮，如图 6-11 所示。

**步骤04** 完成以上操作后，点击"保存"按钮即可，如图 6-12 所示。

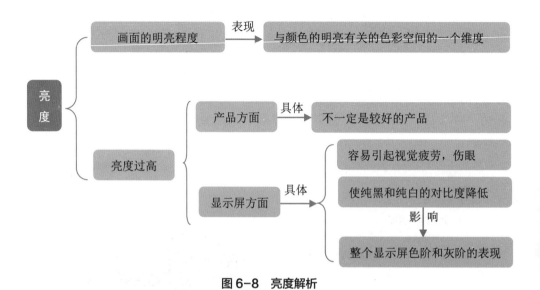

图6-8 亮度解析

图6-9 点击"图片美化"按钮

图6-10 点击"调色"按钮

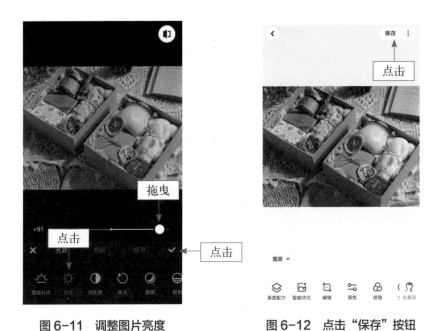

<table>
<tr><td>图 6-11　调整图片亮度</td><td>图 6-12　点击"保存"按钮</td></tr>
</table>

**步骤 05** 查看调整亮度前后的图片对比效果，如图 6-13 所示。

图 6-13　调整亮度前后的图片对比效果

## 048　虚化效果，突出产品主题

在拍摄时，有时为了突出人物或某一主题需要进行虚化背景操作，这时可以通过"美图秀秀"实现由近及远逐渐虚化的"大光圈"效果，如图 6-14 所示。

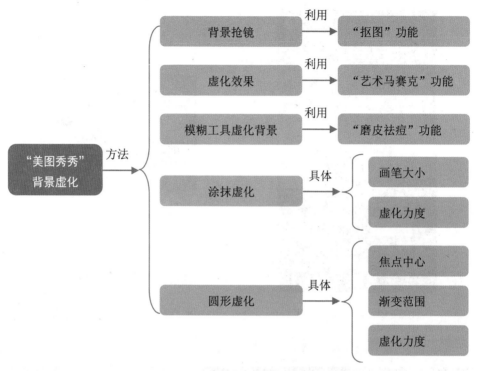

**图6-14 "美图秀秀"的背景虚化运用**

使用"美图秀秀"将图片的背景制作成虚化效果的具体步骤如下。

步骤⓪1 打开"美图秀秀"，选择一张需要虚化的图片，点击"背景虚化"按钮，如图6-15所示。

步骤⓪2 进入"背景虚化"界面，选择合适的虚化效果；拖曳"过渡"和"光斑"滑块至合适的位置，如图6-16所示。

步骤⓪3 点击图片调整以突出主体部分；点击✓按钮即可完成背景虚化操作，如图6-17所示，虚化后的图片主体效果会更加突出。

步骤⓪4 背景虚化效果如图6-18所示。

**专家提醒**

　　虚化功能对于美化图片来说是非常有特色的，会显得更加有层次，也会让大家眼前一亮，有一种新鲜感，在微信朋友圈发这样的图片，能引起大家的注意。

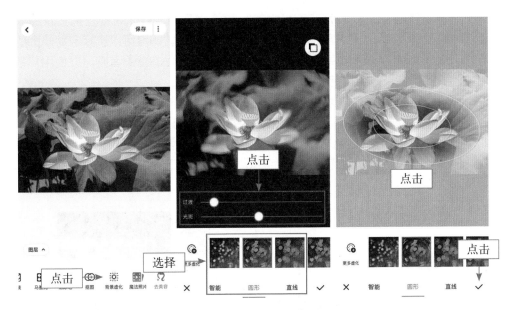

图6-15　点击"背景虚化"　图6-16　拖曳滑块调整参数　图6-17　点击相应按钮
　　　　　　按钮

图6-18　背景虚化效果

## 049　智能美化，展现深层次美

　　在进行产品销售的过程中，给客户展示形象最精美的一面是帮助销售的一个关键步骤。所以，营销者们在将产品图片放进朋友圈里进行营销之前，应该用修图软件进行基本的裁修，使之看起来更加精致，更具深层次美。

"美图秀秀"App具有非常强大的智能美化功能，可以帮助营销者快速调整各种类型的图片，以实现不同的效果。精通修图的营销者可以选择自助修图的方式，选择喜欢的滤镜与模式。而不那么熟悉修图过程的营销者则可以使用"智能优化"的功能，一键搞定。

下面介绍使用"美图秀秀"App"智能优化"模式美化图片的操作方法。

在"美图秀秀"App中打开一张图片，点击左下角的"智能优化"按钮，如图6-19所示。执行操作后，进入"智能优化"界面；默认使用"自动"模式调整图片参数，营销者可根据图片类型选择相应的智能模式，效果如图6-20所示。

图6-19　点击"智能优化"按钮

图6-20　"自动"模式效果

图6-20中的招财猫使用的是中央构图拍摄技法，将拍摄对象放置在画面的正中央，横画幅或者竖画幅都可以采用中央构图，可以快速吸引欣赏者的眼球，而且这种构图形式比较容易学习和掌握，使用范围也比较广。

专家提醒

中央构图最大的缺陷就是主体可能不够突出，欣赏者难以看出拍摄者的主题表达。因此，我们在使用中央构图拍摄时，最好寻找一些背景比较简洁的画面，这样才能更好地体现主体，表达我们的思想。

# 050　人像美容，彰显个人魅力

在产品销售过程中，除了产品本身需要适当修图使之更美观以外，利用人物给产品代言或是营销者为产品进行售后反馈时用到了人物图片，我们都应该适当地给图中的人物修一下图，使之看起来更健康好看，更能彰显个人魅力，更能吸引眼球。

"美图秀秀"App 的"一键美颜"功能可以一键让人物图片的肌肤瞬间完美无瑕，"傻瓜式"操作，并提供多个美颜级别，量身打造美丽容颜。"一键美颜"的具体操作方法如下。

步骤 01　打开"美图秀秀"App，点击"一键美颜"按钮，如图 6-21 所示。

步骤 02　选择一张需要美颜的图片，进入"一键美颜"界面，选择合适、好看的滤镜；拖曳"滤镜"滑块至合适的位置，如图 6-22 所示。

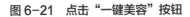

图 6-21　点击"一键美容"按钮

图 6-22　拖曳滑块

步骤 03　依次点击滤镜选项上方的"肤质""美型""妆容"以及"遮瑕"按钮；拖曳相应按钮滑块至合适位置，使图片中的人物变得美观；点击✓按钮即可完成"一键美容"操作，如图 6-23 所示。

步骤 04　图片的最终效果如图 6-24 所示。

图 6-23　点击对钩按钮

图 6-24　图片的最终效果

# 051　添加滤镜，营造独特气氛

在平时的营销过程中，营销者可以通过手机镜头随手拍摄身边的产品或是和产品相关的信息，不用担心画面过于简单，完成拍摄后加上滤镜特效就可让图片更有意境和魅力。

"美图秀秀"的特效丰富多样，营销者可以根据图片的类型选择不同的滤镜模式，快速打造出独具个人风格的图片色调，营造独特的氛围，吸引客户的眼球，下面介绍具体的操作方法。

步骤①　在"美图秀秀"App 中选择一张图片，进入"图片美化"界面，点击底部的"滤镜"按钮，如图 6-25 所示。

步骤②　进入"滤镜"界面，点击不同的滤镜缩略图，即可应用该滤镜。根据图片的类型、风格选择一种合适的滤镜；拖曳"滤镜"滑块至合适位置；点击☑按钮即可完成滤镜设置，如图 6-26 所示。

步骤③　图片的最终效果对比如图 6-27 所示。

**图 6-25　点击"滤镜"按钮**

**图 6-26　滤镜设置界面**

**图 6-27　图片的最终效果对比**

**专家提醒**

　　在图像预览区中，单击、右上角的"对比"按钮，还可以预览原图，快速对比调整效果，如果效果太过的话可以适当降低美颜程度。

95

## 052　添加文字，广告宣传点睛

在产品图片中，文字是必不可少的，它在对广告图片进行产品信息说明宣传的同时还能起到修饰点睛的作用。通过文字水印，营销者们甚至还可以给图片上的产品添加广告用语或是基本的产品描述。由于水印上的字体比普通文字更加可爱，而且添加在图片上像是装饰品，这样更能吸引顾客对文字的好奇心，进而去认真阅读它，是非常好的广告宣传区域。

"美图秀秀"App的添加文字功能可以通过"水印""气泡""样式"以及"字体"4个模块进行美化，下面介绍使用"美图秀秀"App添加特色文字水印效果的操作方法。

步骤01　在"美图秀秀"App中打开一张图片，进入图片美化界面，点击底部的"文字"按钮，如图6-28所示。

步骤02　选择好看、喜欢的气泡效果；拖曳气泡效果至图片的合适位置；点击✔按钮即可完成气泡添加操作，如图6-29所示。

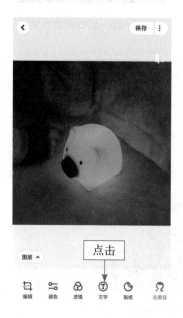

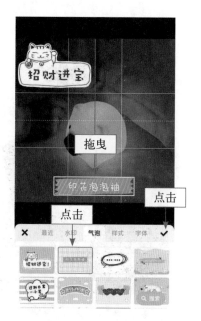

图 6-28　点击"文字"按钮　　　　图 6-29　点击相应按钮

"美图秀秀"App不但具有丰富的水印模板，而且还能自定义水印内容，让你的创意尽情发挥。有时候营销者也可以利用水印部分打一个小广告，比如印上这个品牌的宣传语录，又或是比较配合这份产品的广告语。下面以上面这张图片为例，介绍编辑广告语的方法。

步骤 ① 点击添加的气泡，进入编辑界面，输入相关文字，如图 6-30 所示。

步骤 ② 点击"字体"按钮；选择好看、喜欢的字体效果，营销者可以根据产品需要选择多种编辑效果；点击✓按钮即可完成添加文字设置，如图 6-31 所示。

图 6-30 输入相关文字

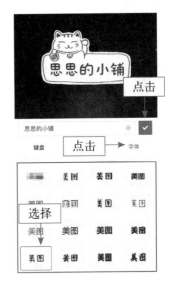

图 6-31 修改文字效果

步骤 ③ 图片的最终效果如图 6-32 所示。

图 6-32 图片的最终效果

笔者在这款产品照片的水印里输入了店铺、产品的名称以及"折扣超划算"的宣传语，以起到广告推广的效果。不过需要注意的是文字不能太长，通常会有字数限制。

# 053 使用拼图，满足价值需求

所谓"拼图"，即营销者可以将不同的图片进行拼合排列的操作，具体内容如图 6-33 所示。

**图 6-33 自由拼图功能分析**

在"美图秀秀"App 中，"拼图"功能为用户提供了多种图片拼图模板，用户可以将自己产品的多张图片添加到模板中，满足客户对产品的价值需求，然后将编辑好的图片保存或分享，具体操作方法如下。

步骤 01 进入"美图秀秀"App 主界面，点击"拼图"按钮，如图 6-34 所示。

步骤 02 在手机相册中选择要拼图的多张图片，最多同时选择 9 张图片，选择的图片会依次显示在下方的列表框中；点击"开始拼图"按钮，即可使用模板自动拼图，如图 6-35 所示。

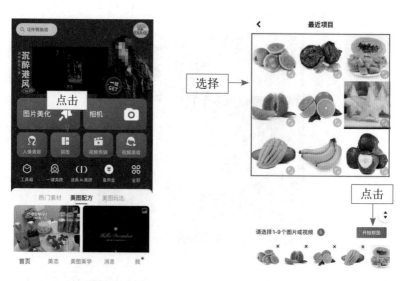

**图 6-34 点击"拼图"按钮**　　　**图 6-35 点击相应按钮**

步骤 03 进入"拼图"界面，点击"模板"按钮，在底部会出现相应的模板缩览图菜单；点击相应的缩览图，即可应用该模板，如图 6-36 所示。

**步骤 04** 点击拼图相应的图片；执行更换图片、旋转图片、镜像处理以及添加滤镜等操作；点击"保存 / 分享"按钮即可完成拼图操作，如图 6-37 所示。

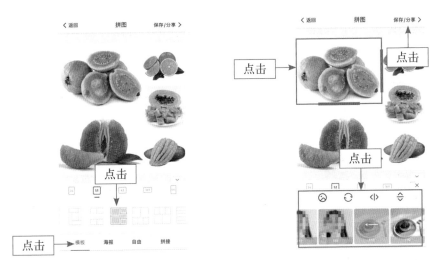

图 6-36　选择拼图模板　　　　　图 6-37　点击相应按钮

在"拼图"功能中，除了"模板"外，还可以应用"海报""自由"以及"拼接"3 个模式，营销者可以根据自己的喜好使用不同的模式进行拼图，如图 6-38 所示为"海报""自由"模式。

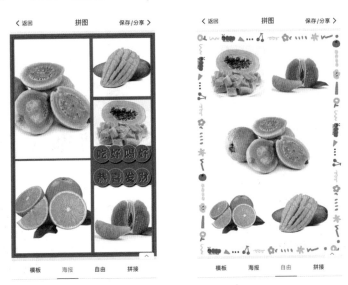

图 6-38　"海报""自由"模式

# 054  边框水印，添加专属标签

本节介绍如何用"美图秀秀"制作边框和水印效果，添加个人专属标签。

## 1. 边框效果

用"美图秀秀"对产品图片添加边框是点缀图片的好方法，边框种类及制作特点如图6-39所示。

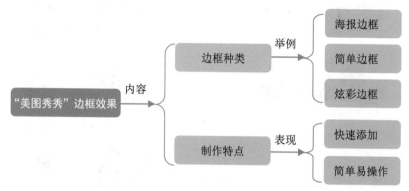

**图6-39  "美图秀秀"的添加边框效果介绍**

本节主要介绍简单边框的添加，具体步骤如下。

步骤01 在"美图秀秀"App中选择一张图片，进入"图片美化"界面，点击底部的"边框"按钮，如图6-40所示。

步骤02 进入"边框"界面，在"简单"选项卡中，选择相应的边框模板，即可应用该边框；点击✔按钮即可完成添加边框设置，如图6-41所示。

**图6-40  点击"边框"按钮**

**图6-41  点击相应按钮**

专家提醒

营销者如果不满意现有的边框模板，还可以点击"更多素材"按钮，进入素材库，选择心仪的边框模板，进行下载并应用。

## 2. 水印效果

在图片的处理效果中，添加水印也是比较常用的一类，特别是营销者在产品推广过程中对手那些用于营销领域的图片来说，如图6-42所示。

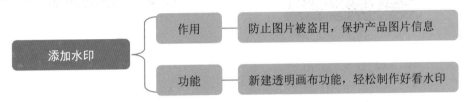

图6-42 "美图秀秀"的添加水印功能

营销者们利用"美图秀秀"制作图片水印的具体步骤如下。

步骤 01 在"美图秀秀"App中选择一张图片，进入"图片美化"界面，点击底部的"文字"按钮，如图6-43所示。

步骤 02 进入"文字"界面，在"水印"选项卡中，选择相应的水印模板，即可应用该水印；拖曳选择的水印至图片的合适位置，如图6-44所示。

图6-43 点击"文字"按钮

图6-44 选择水印模板并拖曳至合适位置

步骤 03　点击添加的水印，在文本框中输入店铺名称，如图 6-45 所示。

步骤 04　点击"字体"按钮；选择好看、喜欢的字体效果，营销者可根据产品需要选择多种编辑效果；点击✓按钮即可完成添加文字设置，如图 6-46 所示。

图 6-45　编辑水印

图 6-46　点击相应按钮

# 055　抠图功能，博取客户关注

在拍摄产品的过程中，拍摄背景可能比较复杂，场面看起来很凌乱，不够精致漂亮。这时候，我们可以利用手机的抠图功能将产品或人物从图中剥离出来，加上比较干净和衬的背景图片，博取关注度。

抠图就是指利用各种工具将所需的主体从图片或素材中选取出来。抠图的方法非常多，不同的素材用到的抠图方法也不一样。其中，"美图秀秀"App 具有"一键抠图"功能，对于不擅长用手机修图的用户来说特别实用。

专家提醒

　　"一键抠图"主要是利用涂抹工具和橡皮工具来抠取背景较为复杂的产品图片和发丝不算太长的人物图片，方法比较简单，包括场景、3D 和艺术等不同的背景样式，也可以使用自定义的背景来替换。

下面介绍使用"美图秀秀"App 制作场景抠图效果的操作方法。

步骤 01　在"美图秀秀"App 中选择一张图片，进入"图片美化"界面，点击底部的"抠图"按钮，如图 6-47 所示。

步骤 02 点击"智能选区"按钮；使用涂抹工具涂抹要抠图的区域；使用橡皮工具擦除多余的部分；点击 ✓ 按钮即可完成抠图操作，如图 6-48 所示。

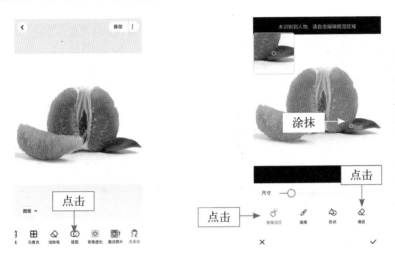

图 6-47　点击"抠图"按钮　　　　　图 6-48　点击相应按钮

步骤 03 进入"抠图"界面，点击"背景"按钮；点击"自定义"按钮，在手机相册中选择一张背景图片，如图 6-49 所示。

步骤 04 将抠图置入到设置的背景模板中，调整大小和位置，如图 6-50 所示。

图 6-49　点击相应按钮

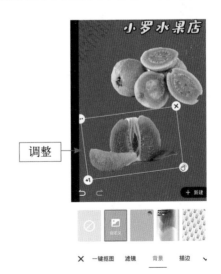

图 6-50　调整抠图的大小和位置

步骤⑤ 点击"描边"按钮；添加抠图边框增强效果；点击✅按钮即可完成抠图背景设置，如图 6-51 所示。

步骤⑥ 图片的最终效果如图 6-52 所示。

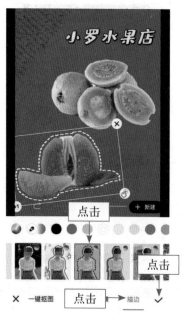

图 6-51　点击相应按钮

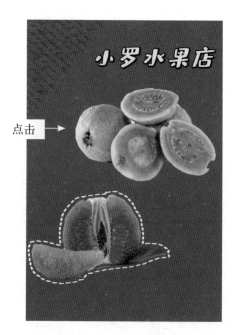

图 6-52　图片的最终效果

<h2 style="text-align:center">本 章 小 结</h2>

做营销的人，大多数都是非专业摄影出身，因此一张好图，基本上是"三分拍、七分修"，如果会 PS 专业修图更好，不会也没关系，用美图软件也能满足基本需求。

本章只是针对日常拍摄的图片出现的问题进行了简单的介绍，有时间的朋友平常可以多摸索、学习，毕竟实践出真知。

# 第7章

## 文字创作，13 种软文特色写作技巧

**学前提示**

　　文字的力量是非常强大的，在朋友圈进行营销推广的时候，软文营销是必不可少的。本章将介绍 13 种软文写作的技巧，帮助营销者学到实用的写作方法，促进销售。

# 056 标题党的玩法，决定点击率

很多人由于工作学习都比较繁忙，休闲时间不太多，发在朋友圈里的状态，可能他们在浏览时不会仔细去看文字，甚至很快就会跳过一些不太感兴趣的内容。营销者们在做朋友圈营销时一定要注意这个问题。写东西的时候如果不顾及客户的感受，只会使自己写的东西被白白浪费掉，无论花了多少心血，别人可能一句"无聊"就能全部打发掉。

所以想要引起好友的注意、吸引他们的眼球，首先营销者们可以选择在标题上下一些功夫，使之变得能够激起微信好友的好奇心，提高点击率。接下来本节将介绍3种实用的标题写法，如图7-1所示。

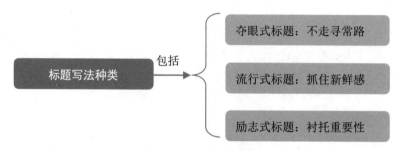

图 7-1　标题写法种类

## 1. 夺眼式标题

比较推荐的就是夺眼式标题，因为流行式的标题总归还是有一定的时效性，当流行时间过去了之后标题就失去了新鲜感，不被人所认同甚至是认识了。"流行"总是来得快去得也快。

夺眼式标题的目的就是利用一些语言上的漏洞或是双关模式去吸引人的目光从而增加点击量，给人一种不可思议的感觉。有着这种标题的内容往往写作思路就不走寻常路，使人觉得与平时的认知或者道理背道而驰。

比如一个朋友圈穿搭广告含有"月薪3000"和"高级感"字样的标题，会让人眼前一亮，忍不住想要打开看一看，如图7-2所示。这种标题在写法上一般采用多种技巧进行综合，这些技巧运用的最终目的就是吸睛。如图7-3所示为夺眼式标题的诸多写作技巧。

夺眼式标题与普通式标题很容易就能对比出效果。如普通式标题为"软文写作的一些指导意见"，夺眼式标题为"他靠一篇软文赚了500万！"，哪一个更引人注意呢？对于普通读者来说，能与经济挂钩的话题，一般都能轻而易举地吸引注意力，从而进行深入了解。

夺眼式标题一定要放大客户内心的渴望点，若客户需要减肥，那就要点出快速减肥、高效减肥；若想育儿，那就要体现育儿轻松不费力、省心又省力等。使得客户的自身需求与产品软文标题主题高度契合，从而达到吸引客户注意力的效果。

图 7-2　夺眼式的标题

图 7-3　夺眼式标题的写作技巧

**专家提醒**

　　夺眼式标题也可以用数据来吸引人，特别适用于电商标题，如"月销 1000 万的某某产品"，不过这种标题现在使用过于频繁，且本身重点还是要以产品自身的优势为主，所以尽量从分析消费者心态、目的性的角度来设置夺眼式标题。

**2. 流行式标题**

所谓"流行式标题"，即拿网络上流传的热门语言为标题噱头，抓住新鲜感。

如"凡尔赛""真香""好家伙"以及"打工人"等，来吸引消费者的注意力。下面就来欣赏几则流行式标题案例，如图7-4所示。

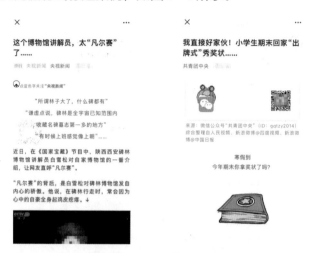

图7-4　流行式标题案例

这种朗朗上口的流行语言，可以给人们一种深刻的印象，在一定程度上还是能引人注意的。对于朋友圈的营销者来说，使用流行式标题效果很好。比如红极一时的"UC震惊部"类型的标题，它很适合套用在营销当中。这个模板很简单，第一个词就是"震惊！"，随即后面尽量将标题描写得夸张一些。

虽然这个模板已经成了人们最熟悉的题材之一，但是看见这种类型的标题还是会忍不住点进去看一下，因为它已经成为一个默认的、隐形的看点，看看内容是为了鉴别标题到底有多夸张。"UC震惊部"标题模板如图7-5所示。

图7-5　"UC震惊部"标题模板

### 3. 励志式标题

励志式标题就是现身说法，用自己或是公司企业奋斗的原型来讲述故事，以此来衬托努力的重要性，起到鼓舞读者的作用。

在现在这个追求高品质生活的社会，很多人都想努力提高自己的生活水平，却不知道要如何才能致富。这时候可以给他们看一些励志式的文章，不仅能起到鼓舞士气的作用，还能让他们从中学到那些成功人士的致富法宝。

从标题开始，让读者们对他们的故事感到好奇，好奇是大量阅读量的来源。一般营销者应该将这种标题取得尽量吸引人眼球，看起来有一种"速成法"的感觉。

现身说法标题模板有两种，一种为"＿＿＿＿＿＿是如何使我＿＿＿＿＿＿＿的"。

示例：

一个"傻瓜绝技"是如何使我成为营销大咖的

一个简单的点子是如何使我成为销售冠军的

另一种模板为"我是如何＿＿＿＿＿＿＿的"，这种模板的侧重点在于最终受益的大小决定了这个问题能不能成功。

示例：

在销售中我是如何从失败中奋起，进而走向成功的

我是如何将朋友圈变成我的个人财富平台的

当然模板总归是模板，一旦使用的人多了就会使读者没有太多兴趣仔细阅读了。所以营销者们还是应该尽量发挥想象力，创造出属于自己的吸引人的标题，如图 7-6 所示。

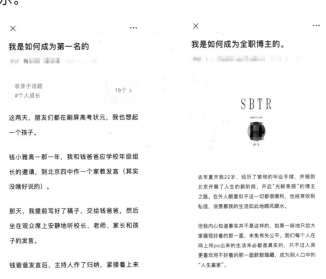

**图 7-6 励志式标题**

# 057 打造吸引形式，直白地推广

作为朋友圈的营销者来说，软文其实是一种直白的推广方法，甚至是越直白越好，它是如今用得比较多的一种软文营销方法。一般来说，促销式软文分为以下两种形式，以朋友圈的软文为例进行相关介绍。

## 1. 纯文字

一般来说，纯文字的促销式软文属于活动软文，这种软文全依靠文字向读者推荐品牌或者活动的内容、时间以及地点等信息。

在纯文字软文写作过程中，其中最重要的是软文思想的表达，它是引起读者关注的重要因素。有一个活动的思想中心，才能展现企业或品牌的核心魅力，才能触动读者的感悟，从而实现营销引流。

## 2. 创意式软文

随着科技的不断进步，人们开始追求有趣的、好玩的以及没见过的新玩意儿，希望每天都有不同的创意围绕在身旁，那样人们才不会觉得生活枯燥、单调、乏味。如果营销者能撰写出让人们感到意外的创意软文，那么很有可能受到人们的追捧和喜爱，甚至会不自觉地帮软文做推广，赢得口碑。

下面就来欣赏创意式软文，如图 7-7 所示。

**图 7-7　创意式软文**

此创意式软文，以定制抽奖规则为前提，又突出了促销力度的大小，并且抓住了消费者对物美价廉的向往心理，很容易勾起消费者的兴趣。

分析：上面的创意式软文属于"文字＋图片"的范畴，在如今的社会里这是一种常见的创意方式，都是从人们少见的角度出发，进行创意式软文的撰写，这样的软文能给读者留下深刻印象。

# 058 最佳软文展现，提高阅读量

作为营销者，除了直接发朋友圈广告以外，有时内容比较冗长而复杂的，我们可能会选择用个人或企业微信公众号编辑之后，转发至朋友圈。如同普通文章需要有一定格式一般，在公众号里发文章也同样需要格式才能提高阅读量，那么最佳的格式自然就是"标题 + 正文 + 微信公众号"了。

正如大家所知，一篇文章的标题一般是由这篇文章的中心思想提炼出来的精华，它是正文的主旨与灵魂。并且使微信好友第一眼就能看见的广告，它还必须有趣而且吸引人，只有这样才能给繁忙的都市人一个理由去点开并且阅读它。所以，标题可以说是一个关于营销的最佳展现区域了。

紧接着是正文部分。正文部分不用说，首先是一定要有趣，能够让客户产生接着往下读的欲望。其次就是格式，东西太乱、内容太杂会让客户觉得没有重点，进而不能好好理解营销者想表达的意思，所以应该尽量分清主次。

最后一点十分重要，那就是在文章的最后一定要带上微信公众号的二维码。因为不管是个人公众号还是企业公众号，都是为了某些需要推销的产品服务的，积累粉丝是基础，也是最重要的营销策略。如图 7-8 所示，就是一篇标准软文的写作格式。

**图 7-8 营销软文写作格式示例**

文章水平如果相对来说比较高的话，可能会吸引一些人将这篇文章到处转载。当所有阅读过这篇文章的人拉到底部时，就可以看见添加微信公众号的提示，方便别人关注。

## 059  重要内容置前，有趣的开篇

在微信营销的文章当中，除了要有一个新颖、吸引人的标题以外，还需要有一个让人感兴趣的开头。其实写营销类的文章有一点像记者写新闻，应该采取"开门见山"的方法将重点内容归纳在主旨句——也就是第一句中。一来防止有些读者在读到重点之前失去耐心，至少"重点前置"可以保证他们顺利了解整篇文章的中心思想，无论有没有将文章读完；二来列举出全文的重点也可以引起读者的兴趣。其实不仅是整篇文章，每一段最好都能采取这种办法，将段落重点提炼出来放在第一句里，方便读者理解和阅读。营销者们平时在写作时，应该有意识地先去用一句话总结接下来要写的段落，再根据这句话进行延伸，完善文章。

倒也不是说每次写文案时都需要这么刻意地去提炼，只是练习做多了之后，就会慢慢地养成这种习惯，培养一个比较顺畅的逻辑思维能力。其实写文案并不是在进行文学创作，不需要那么一板一眼地死抠句子和词汇，只要能够做到简洁、流畅以及一目了然就很好了。

## 060  口碑软文呈现，传播的载体

口碑首先是口口相传，是一种"你体验了之后觉得好，推荐给我，我也体验一下发现不错，又推荐给他"的过程，如今就是由网络、新闻、评论以及转发等媒介进行口口相传。一个富有新奇感的软文，能让人们主动传播，从而提高口碑、知名度以及品牌效应。如今有不少营销者，用软文传播模式，成为广告传播的载体。软文在营销方面的优势主要表现在 6 个方面，如图 7-9 所示。

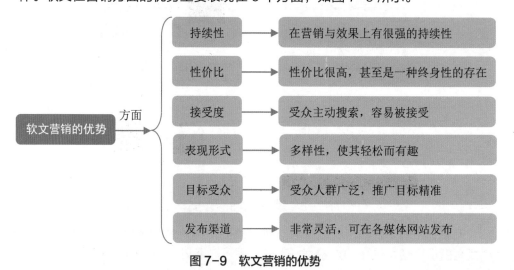

图 7-9  软文营销的优势

从软文营销的优势角度出发，营销者可以从两个方面建立起产品和服务上的口碑营销，具体内容如下。

（1）营销者对自己产品足够了解，对软文营销推广也有深刻认识，于是就能够写出让人信服的文章。

（2）营销者可以站在其他用户或体验者的角度去讲述。

口碑对于营销者来说，其重要性是不言而喻的，一个好的口碑可以很快地在人与人之间传播，就像小米手机，因为其超高的性价比，短短几年的时间就用口碑为自己创造了国产手机的品牌代表。

## 061  发布图文并茂，布局更美观

在朋友圈里面，经常可以看到好友转发一些公众平台的信息推送，其实公众平台也就是一种营销工具，可以为营销者带来很多点击量和曝光。营销者想要推广引流，就要抓住一切可以利用的机会。

微信公众平台可以图文并茂地发送信息，布局更美观，所以软文营销在微信公众平台中可以大展身手，充分发挥有效实力，是软文营销的主秀场。在营销领域，软文可以起到非常重要的营销助力作用，如图 7-10 所示。

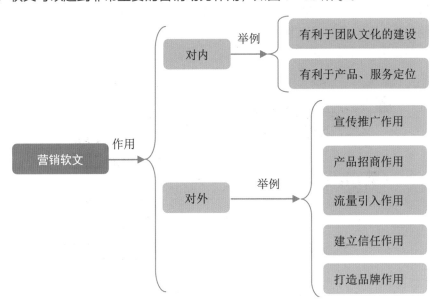

图 7-10  软文在营销领域的作用介绍

基于软文营销的重要作用，因此有必要创造出图文并茂的软文，因为太过冗长的广告文字一般不被客户们认同，大家都不会愿意在休息娱乐时间看广告文案。

当然，也不能全是图片没有文字，因为营销所需要的信息量必须统统放上去才能够称为一个完整的广告。

在朋友圈里做营销，一定要会熟练地使用朋友圈的各种功能，特别是朋友圈的编辑方法。

确实，相比起 QQ 空间或者是新浪微博，朋友圈的发布方法比较麻烦。可能有一些对电子产品不太敏感的人都不知道该怎么去发朋友圈。其实，微信朋友圈的发布模式主要有 3 种，具体如图 7-11 所示。

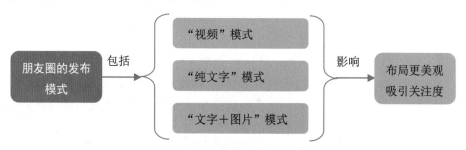

图 7-11　微信朋友圈的发布模式

下面为大家详细介绍"文字＋图片"模式和"纯文字"模式，"视频"模式后几章有详细介绍。如图 7-12 所示，分别是"纯文字"和"文字＋图片"模式的朋友圈。所以营销者在朋友圈发布广告的时候，应该适当地带上一些图片，这样会显得更加新颖、更加让人感兴趣。

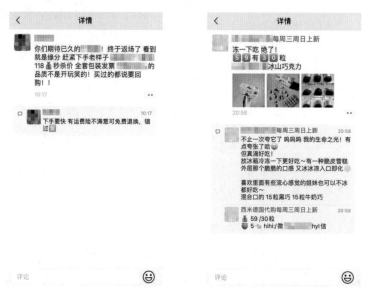

图 7-12　"纯文字"和"文字＋图片"模式的朋友圈

## 062 打造热卖景象，获得人流量

人们喜欢跟风，看到哪里人多就会去哪里围观，热卖的东西人们喜欢跟着抢，很多人说好的东西就相信是好的，这是很明显的从众和跟风心理。

所以，营销者更要抓住这些心理，制造热卖情景的软文营销，用来吸引消费者的眼球，获取流量，具体内容如图 7-13 所示。

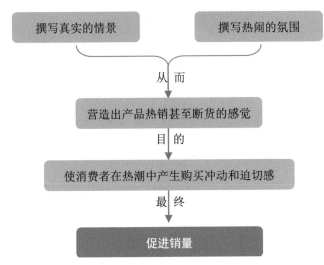

**图 7-13 软文撰写的热卖景象打造分析**

下面就来欣赏一篇制造热卖情景的营销软文，软文标题就点出新品开售仅 10 秒就有高达 3 亿元的销售额，内容更是着重描写了销售的火爆程度，如图 7-14 所示。

**图 7-14 制造热卖情景式营销**

当然，打造热卖景象能够最大限度地吸引客户关注，而想要保持客户的关注度和实现营销引流，使热卖景象持续下去，就需要具备两个基本条件，如图7-15所示。

图7-15　保持热卖景象的基本条件

**专家提醒**

这种形式因为本身有趣和热点效应对人们具有吸引力，进而受到了网友们的大量关注。所以说营销者们在写营销软文的时候，可以尽量加入一些新鲜"热点"，这样不仅符合人们的猎奇心理，还有利于经营销售。但要注意的是，"热点"这种东西，具有一定的时效性，它就像是一次性物品，使用过一次就够了。

# 063　展示品牌文化，加强代入感

对于营销者来说，软文营销的内容必须有血有肉，加强客户角色代入感，营销者可以通过介绍一些产品文化来增加用户对产品的了解程度，比如说产品的发展历史、品牌理念以及产品背后的故事等。

充分展示营销者的品牌文化，能够在营销过程中起到非常重要的作用，具体内容如图7-16所示。

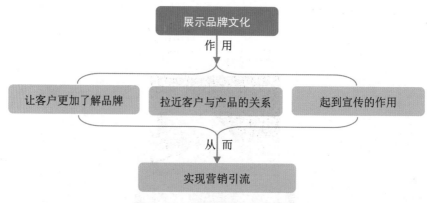

图7-16　展示品牌文化的作用

例如，格力将品牌故事放在官网首页上，可以体现格力的理念，以及使消费者更进一步地了解企业文化，这是一种很聪明的做法，如图 7-17 所示。

图 7-17　展示品牌故事

## 064　巧妙描绘产品，更加吸引人

在网上购物的用户大多会利用自己的第一印象来确定消费目标，产生购买欲望往往是用户在看到产品的第一眼。因此，好的产品描述能够以简单的文字和图片，道出产品的特色，吸引广大用户群产生购买欲望。

撰写产品描述其实是很简单的，只要学会图 7-18 中的 3 点，那么产品描述问题就将会得到解决。

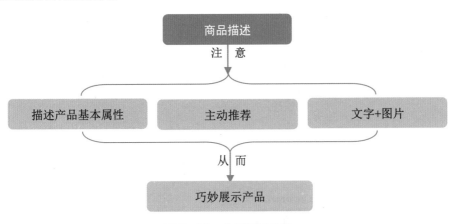

图 7-18　产品描述分析

### 1. 描述产品基本属性

营销者在介绍产品时，可以选择产品的型号、价格和库存等基本信息，同时还要展示产品的品牌、包装、重量、规格以及产地等基本属性。一般对这些属性的描述越详细，买家就越容易购买，如图7-19所示。

**图7-19　产品基本属性**

### 2. 推荐

客户都有货比三家的心理，因此营销者在描述一件产品时，还可以推荐其他的产品，比如正在进行折扣优惠活动的产品、近期热销的产品，这样可以有效扩大交易面，切记，推荐的产品需要与客户想要的产品有关联性，这样才不显得突兀。

此外，营销者还可以对自己的产品进行主动推荐，或者标明哪些产品是值得推荐和购买的，当客户决定购买产品时，再看到其他推荐产品，很有可能产生购买意向。在描述中添加"买三送一""新品折扣"以及"包邮"等字样，不但能提升销售量，还能增加产品宣传力度，如图7-20所示。

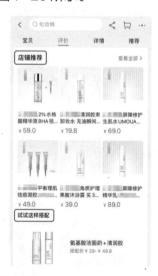

**图7-20　折扣产品**

### 3. 文字 + 图片

产品描述最好采用"文字 + 图片"的形式，这样看起来更加直观，能够第一时间抓住消费者的心，如图 7-21 所示。

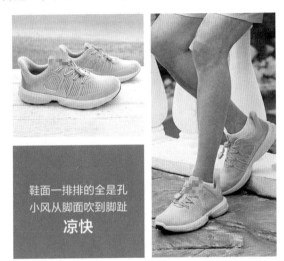

**图 7-21　图文结合的宝贝描述**

在产品描述中，感官词和优化词是增加搜索量和点击量的重要组成部分，但也不是非要出现的。对于网上购物来说，大量的文字说明，让买家看得很累，不愿意阅读，浏览者更想看到的是图片和文字相结合，这种方式能让人在浏览时很轻松，同时也能更形象地将产品展示出来。

## 065　晒单吸引眼球，有图有真相

营销者们在微信朋友圈进行营销的过程中，除了需要发产品的图片和基本信息以外，为了让顾客信任，也可以晒一些成功的交易单或者快递单，但是有两个问题在晒单过程中必须引起我们的注意，如图 7-22 所示。

**图 7-22　营销晒单的注意事项**

图 7-22 中所示的注意事项，具体来说表现如下。

一是在晒单的过程中必须适度。因为微信好友们对无谓的刷屏是十分抗拒的，毕竟微信朋友圈是私人社交平台。但正如我们所知的，晒单其实是非常有必要的，微信好友们看到大量的成交量也会对产品本身产生好奇心，但有一点非常重要的是，千万不能造假。

二是在单据上显示的信息必须是真实的。这意味着我们必须将所有真实信息给微信好友们看，以诚信为本。在朋友圈走单提醒，上面会显示单号和姓名，是比较真实的，如图7-23所示。在朋友圈发走单广告，图文并茂，并且带有聊天记录和转账记录，如图7-24所示。

图7-23 走单提醒

图7-24 走单广告

从营销的角度来说，适度地晒一些交易单之类的图片，是可以刺激消费的。那么，晒交易单究竟有什么好处呢？具体如图7-25所示。

图7-25 适度晒单的好处

一般来说，晒单的主要内容是快递信息，其中包含客户的地址、手机号以及快递信息。晒单可以让客户了解包裹的动向，也能体现出营销者对客户上心，为以后的合作打下良好的基础。

其次，在一张照片中，营销者可以放上几个快递单并且将它们叠加起来再照相，这个时候营销者应该尽量将照片凑成九张，并且强调，这是一天或是两天里的货物。这样就会让其他客户觉得，这家店的产品是真的特别受欢迎，自己也想试用一下，可以在某种程度上推动销量。

# 066 文字突出价格，醒目夺眼球

在营销中，营销者们必须弄清楚一个问题，那就是在产品的销售过程中，什么因素是影响产品出售的基本因素呢？其实就是价格。

价格是一般的消费者在购买物品时，最常考虑的因素。营销者可以利用这一心理，在产品价格比较优惠或正在进行打折促销活动的时候，突出描述价格，进而吸引客户购买。

一般突出价格有以下几种情况，如图 7-26 所示。

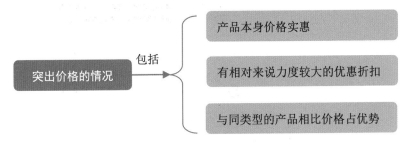

**图 7-26　突出价格的情况**

**专家提醒**

通过对比看到了价格的优惠，甚至有客户可能并不需要这个东西，但是也会不管三七二十一，先买下再说。

下面为大家分析以上 3 种情况的具体体现。

### 1. 产品本身价格实惠

有一些产品在出厂之前讨论产品定位时，就将它们的亮点放在了"价格"上面。也就是说，这些产品往往会打着"物美价廉"的标语进行宣传。那么营销者在为这些产品打广告时，必须将重点放在"价格"之上，向客户介绍它强大的性价比。

当然，宣传时可以选择编辑文本，加价格上打上引号或者在价格后面加上感叹号以便突出价格。由于微信朋友圈文本不可调整大小，因此，选择用图片突出效果可能会更加合适。因为在图片中，在制作产品的图片时我们可以任意改变文本的字体和文字的大小以及颜色，使价格凸显出来。

如图 7-27 所示，就是一个营销者产品——爆浆曲奇。它定价划算，营销者能够利用产品价格吸引购物者的眼球。

图 7-27　某种产品的定价

### 2. 有相对来说力度较大的优惠折扣

客户对产品价格非常关注，短期折扣就能变成十分抢手的活动。一般来说，折扣活动开展的时间和节日有一定的关系。一些产品会针对特别的节日推出大规模的折扣。比如说，女性护肤品可能会在"三八"妇女节当天开展活动。

折扣活动不要进行得太过频繁，不然会让客户产生"这个东西卖不出去，质量不好"的感受。但是一旦碰上活动，折扣力度最好能够大一些。如图 7-28 所示，就是某个护肤品在打折。必须注意的是，一定记得将前后价格进行对比，这样才能让客户意识到折扣的力度。

### 3. 与同类型的产品相比价格占优势

对于客户来说，营销过程中产品价格的高低，是选择是否购买产品时的重要因素。所以，营销者可以抓住这一点，来一场价格战，抓住价格的优势，来吸引消费者的眼球。

如图 7-29 所示，这位营销者在推销自己的产品时，就提到了自己是全网售卖这种产品的价位最低、最实惠的。用别人的定价来衬托自己定价的优惠性，并且表明购买此产品可以包邮，这样可以吸引客户注意，然后在心中暗自进行比对，最终决定下单购买。

图 7-28　某护肤品打折的朋友圈　　　图 7-29　推销对比的朋友圈

## 067　带入明星效应，加深信服感

　　现在的粉丝文化已经发展得十分完整了，聪明的企业高层会选择邀请一些知名艺人代言公司产品，这种做法能够帮助他们收获很丰厚的利润。明星效应已经对我们的生活产生重大影响，电视里明星代言的广告对我们会产生潜移默化的作用，加强信服感。明星效应的作用如图 7-30 所示。

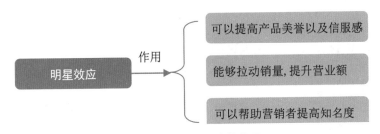

图 7-30　明星效应的作用

　　一般来说，投资与收获是成正比的。营销者越肯出钱请当红的艺人，获得的回报越丰富。

　　一个商业价值高的明星，往往能够带动整个品牌的格调，而在现在这个人们文化水平越来越高的社会，消费者对"格调"这个词是非常看重的。除了普通群众以外，该明星的粉丝绝对会买账。他们不仅自己买，还会拉动身边的人一起购买这个品牌的产品。一传十、十传百，慢慢地，购买该产品的客户就会越来越多。

当然，明星本身的光环也能够影响品牌。顶着"某某品牌代言人"的头衔能够帮助该品牌提高知名度。所以，营销者绝不能放过明星效应，这种效应可以带动人群，特别容易引起粉丝们的强烈关注。

# 068　把握发布时间，不做无用功

营销者在朋友圈进行软文营销推广时，除了注意发布的内容以及针对的客户以外，选择一个合适的发布时间，也是非常重要的，否则就是无用功。一般来说，营销者们最好的选择就是在每天早上的 8 点半到 9 点半这段时间进行软文发布，因为这个时间段，无论是阅读率还是转载率，一般来说都是最高的。其实我们在阅读微信公众号的时候也会发现，比较正规的企业运营号，发布时间都是后台设定好了的，几乎都是在早上、晚上的黄金时段或是半夜 12 点发，不过不同的平台有着不同的黄金发布时间段。下面以微信朋友圈软文的发布时间为例进行详细说明，如图 7-31 所示。

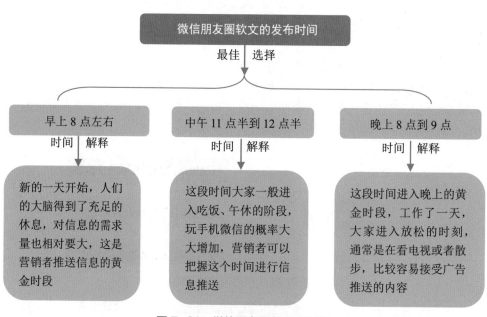

图 7-31　微信朋友圈的发布时间

不同的软文营销项目和不同的产品选择的软文发布渠道可能不尽相同，营销者要因地制宜，根据自身产品的情况结合软文特点整合几种形式。并且软文的发布时间并非是一成不变的，没有必要严格按照推荐时间进行发布，这样是不切实际的。

微信朋友圈内容推送时间的技巧有以下 5 点。下面针对这些技巧进行详细分析。

第一，依作息而定。对不同的营销对象，营销者要采取不同的推送时间，由于微信里很多好友都是自己熟悉的朋友，对于朋友们的作息时间，一般都能掐准，所以很容易做到因人而异。

第二，信息数据分析。这一步骤是针对不熟悉的好友而做的，这样是为了成功地把握好友活动的时间，利用合适的时间进行微信内容推送，效果往往会事半功倍。

第三，按时推荐发布。对于一个想要塑造品牌形象的营销者而言，在保证软文内容质量的同时，最好形成按时发布的习惯，这样能让客户避开那些骚扰信息，定时地去翻看企业的微信。

第四，拒绝频繁刷屏。要根据固定的时间进行软文推送，不要出现刷屏现象，这样只会伤到朋友情谊。

第五，了解社会动态。营销者必须随时注意社会动态，当遇到重大时事政治、社会新闻时，可以根据具体情况改变推送微信的时间。

**专家提醒**

一般来说，微信朋友圈只有 6 行能直接展示文字的功能，对于软文营销而言虽然没有字数限制，但最好是利用前 3 行来吸引微信用户的眼球，将重点提炼出来，最好让人一眼就能扫到重点，这样才能使人们有继续看下去的欲望。

## 本 章 小 结

通过学习本章内容，可以了解到要想写出好的软文，还是有许多技巧需要学习的。在营销过程中，营销者们必须意识到，朋友圈文案内容的好坏，会影响有效客户的数量。如何让朋友圈的朋友们喜欢你所发的东西，愿意和你互动，是做好朋友圈营销首先需要思考的问题。

所以说，一定的文字功底和素材积蓄是朋友圈营销者必不可少的，相信读过本章的朋友会有清晰而深入的体会。当然，也不需要你文采斐然、博古通今，但至少能够将自己的产品介绍清楚，比如它的功能和优点等。

# 第 8 章

## 广告营销，9 种方式多样化呈现

**学前提示**

关于朋友圈广告，其实有很多种形式。而想要做好朋友圈营销，就应该去了解与总结这些信息内容，然后选择合适的广告方式，这有利于品牌未来的发展与定位。本章介绍多种发朋友圈广告的方式，为读者归纳优点、缺点与重点，为营销者选择广告定位提供理论性的帮助。

# 069　所在位置，免费的广告位

在发朋友圈时有一个特别的功能叫作"所在位置"，营销者可以利用这个功能定位自己当前所在的地理位置。更特别的是，我们可以通过这个功能，自定义店铺的相关信息，给朋友圈营销带来更多的突破点，如果利用得当，甚至可以说是给朋友圈营销又免费开了一个广告位。

如图8-1所示，这条朋友圈下方的文字就是利用了"所在位置"这一功能，给商品又打了一次广告。这位营销者将所在地址和商品广告信息叠加起来，向客户们介绍自己正在经营的美妆品牌店。

**图8-1　用"所在位置"功能给商品打广告的朋友圈**

**专家提醒**

一个真正成功的朋友圈营销者，应该合理利用每一个小细节来进行营销，这个小细节的难度并不高，仅仅是利用微信中自定义位置的功能，就能够成功设置。

接下来是设置"自定义位置"的操作步骤。

**步骤01** 编辑一条"朋友圈"信息，点击"所在位置"按钮，如图8-2所示。

**步骤02** 进入"所在位置"界面，点击"搜索附近位置"按钮，输入相应店铺名称进行搜索；在弹出的搜索结果中点击"没有找到你的位置？创建新的位置：

小罗水果店"按钮，如图 8-3 所示。

图 8-2　点击"所在位置"按钮　　　　图 8-3　点击相应按钮

步骤 03 进入"创建位置"界面，输入位置名称、详细地址及所属类别等信息，可以填写电话号码方便对方联络营销者；点击"完成"按钮，如图 8-4 所示。

步骤 04 设置完毕后的朋友圈效果如图 8-5 所示。

图 8-4　填写"创建位置"信息　　　　图 8-5　设置完成效果

# 070　群发消息，方便高效推送

微信"群发助手"是一款方便、快捷的微信营销功能，这一项功能在应用时有着诸多优势，可以同时向不同的客户推送产品信息。因此，群发消息对于营销者来说再实用不过了，它可以节省大量的时间。微信"群发助手"简介如图8-6所示。

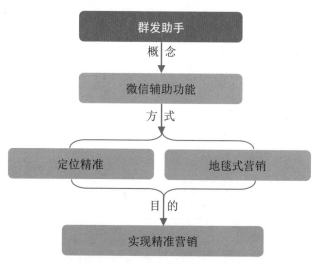

**图8-6　微信"群发助手"简介**

群发消息是非常方便的，不用一个个去发，节省了很多流程和时间，对于营销者来说，群发消息是对销售推广很有利的一个功能。这一款软件在应用时有着诸多优势，如图8-7所示。

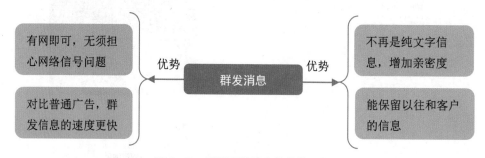

**图8-7　微信群发消息的优势分析**

微信"群发助手"的具体使用步骤如下。

步骤01　打开微信，进入"设置"界面，点击"通用"按钮，进入"通用"界面，点击"辅助功能"按钮，如图8-8所示。

步骤02　进入"辅助功能"界面，点击"群发助手"按钮，如图8-9所示。

| | |
|---|---|
| 图 8-8　点击"辅助功能"按钮 | <br>图 8-9　点击"群发助手"按钮 |

步骤 ⑬　进入"群发助手"界面，点击"新建群发"按钮，如图 8-10 所示。

步骤 ⑭　进入"选择收信人"界面，选择需要群发消息的客户；点击"下一步"按钮，如图 8-11 所示。进入"群发"界面，编辑会话信息并点击"发送"按钮，群发的操作过程就完成了。

图 8-10　点击"新建群发"按钮

图 8-11　"选择收信人"界面

群发消息虽然每个人都可以收到，可是如何保证每一个人都乐意收到信息并且进行回应呢？群发消息需要注意的关键点，如图 8-12 所示。

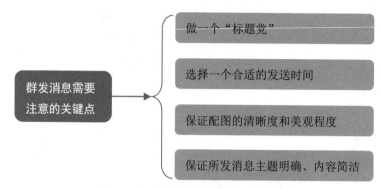

**图 8-12　群发消息需要注意的关键点**

关于图 8-12 中所示的 4 个关键点，下面一一进行介绍。

第 1 点，争取做一个"标题党"。一个好的标题是成功的一半。如果标题不够新颖，有些人可能根本都没有往下读的兴趣。或者是用标题营造一种紧迫感，让人产生"读了大概能得到好处，不读肯定会亏"这样的感觉。

第 2 点，选择合适的发送时间。这个时间段应该集中在一日三餐和晚上 8 点过后、10 点之前。不能太晚，不然容易打扰别人的睡眠时间，若对方一气之下直接拉黑就得不偿失了。

第 3 点，如果所发的信息内容有配图，那么一定要保证图片的清晰和美观程度。而且对方在接收图片的时候，很有可能发生图片被压缩的情况，所以必须保证所配照片的重点在中间部分，而不是边角边框上。不然会让对方不知所云，不能准确地理解信息中的意思。

第 4 点，我们要保证所发消息的内容足够简洁，主题明确。不要大规模煽情，要让人能够轻易抓住重点。而且所发的内容不要是纯广告，一定要引人注目，这样微信好友才能愿意去读、去交流。

## 071　信息评论，补充产品信息

营销者在发朋友圈进行营销时，如果广告文本超过 140 字，则文字可能会被折叠起来。在这个时候，客户很少会点进原文里仔细阅读，所以营销者应该想一个办法，让自己所写的内容能够完完整整地被大家看到。

将文本的重要信息节选出来放在评论区里是一个十分明智的做法，微信评论 100 字以内是不会被折叠起来的，这样客户也能够一眼抓住评论区的重点内容。在评论处复制营销信息效果如图 8-13 所示。

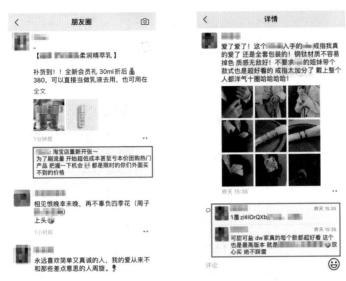

**图 8-13　评论处复制营销信息效果图**

如图 8-13 所示，营销者发的两条关于产品的朋友圈，如果字数太多，微信好友可见的就只有短短几行文字，其他的广告内容如果不展开的话，都不能被人读到。随后营销者自己可能也意识到了这个问题，于是将没有显示出来的文本重新"复制粘贴"在评论区中。

营销者为了避免这个问题，将重点内容以及购买链接放置到评论区中，这样既能防止内容被折叠，也能让客户一眼抓住重点，吸引客户的兴趣和增加购买欲。

**专家提醒**

除了原本的文本信息外，如果营销者在广告之后还有需要补充的信息，也可以直接写在评论区，这样，点赞或评论过那条朋友圈的所有人都能看到所发的有效信息。

## 072　官方推广，商业价值巨大

微信用户在刷朋友圈时，经常会看到本该是好友状态的那些栏目变成了广告商位，如图 8-14 所示。具有商业头脑的营销者应该明白，这些所镶嵌在朋友圈中避无可避的广告，商业价值是巨大的。

每天全国或是部分区域有多少人使用网络，几乎就会有多少人看见这些广告。一般来说，这种广告主要分为以下几种类型，如图 8-15 所示。

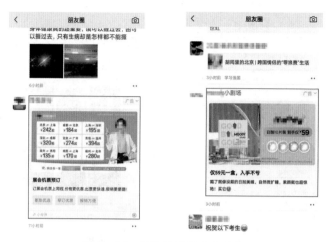

图 8-14　朋友圈中的广告商位

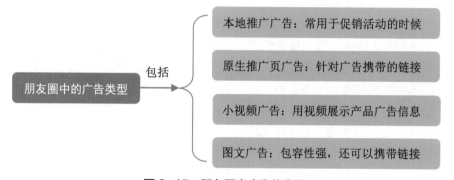

图 8-15　朋友圈中广告的类型

下面为大家详细介绍以上 4 点。

**1. 本地推广广告**

这种广告模式借助了 LBS（基于位置服务）技术，通俗地说就是定位系统。系统可以根据店铺位置，将广告推送给距离定位地点 3~5 千米的人群。本地推广广告模式如图 8-16 所示。

一般来说，这种广告方式最常用于有促销活动的时候，他们利用价格优惠与地理位置优势，吸引周边用户前来消费。例如某培训学校在朋友圈推广招生，选择了使用朋友圈营销当中的本地推广广告来宣传，在介绍过程中着重向客户宣传优惠政策和免费课程，吸引了很多顾客光顾，如图 8-17 所示。

**2. 原生推广页广告**

原生推广页广告，简单来说就是在朋友圈打广告的同时还附上了原本网页的链接。这样就能够让用户对营销者有更加深刻的理解，甚至还可以点进网页当中领取优惠券、代金券等一些对客户有吸引力的东西。如图8-18所示，就是原生推广页广告。

图8-16 本地推广模式

图8-17 某培训学校广告

图8-18 原生推广页广告

一般来说，这种原生推广页广告都是和其他几种广告结合出现的，因为它针对的只是广告携带的链接，并没有规定广告的形式是怎样的。

### 3. 小视频广告

这种广告形式是见得最多的，顾名思义，也就是携带着视频简介的广告。而视频的好处主要就是可以将广告生动灵活地展现出来。朋友圈中默认播放的视频广告是有时间限制的，一般点击进入，就可以看到视频广告的完整版。小视频广告如图 8-19 所示。

### 4. 图文广告

图文广告的形式十分简单，就和平时发朋友圈的形式一样，图片配文字，当然下面也可以带上链接。这种形式虽然相对来说比较普通，可它的包容性最强，内容可以多种多样。如图 8-20 所示，就是图文广告的朋友圈广告。

图 8-19　小视频广告

图 8-20　图文广告

**专家提醒**

一般而言，并不存在本地推广广告、原生推广页广告单独存在的情况。它们更多的是为了配合小视频广告和图文广告所存在的一种附加形式。但就广告业现在的发展趋势来说，小视频广告和图文广告若不配合本地推广广告或者原生推广页广告一起使用，广告的效果就会大打折扣。

所以营销者在购买朋友圈广告为自己的品牌或产品进行推销时，一定要注意自己所选择的广告形式，力求能够获得最大效益。

# 073 公众号转载链接，巧妙植入广告

平时在刷朋友圈时，除了个人编辑的内容以外，还能看见许多被分享至朋友圈的链接，如图 8-21 所示。一般来说，由公众号分享过来的内容是最多的。

很多时候由于好奇心或是对文章本身的内容感兴趣，微信好友们会选择点进去阅读全文。可是有些营销者或许没有注意到，在整篇文章的底端，都会有一些广告位的存在，如图 8-22 所示。这些广告一般是一些大大小小的微信公众号，甚至是微店的广告，读者可以直接点进去并且关注这些公众号和微店等。

图 8-21 被分享至朋友圈的公众号文章

图 8-22 微信公众号文章中的底部广告

而这些小小的广告其实也有不同的类型，一般来说，可以分为 3 种模式：第 1 种是微信公众号图片广告；第 2 种是微信公众号图文广告；第 3 种是微信公众号卡片广告。

下面为大家详细介绍以上 3 点。

## 1. 微信公众号图片广告

顾名思义，这种广告就是以图片为主的广告模式，图片中间配上一些重要信息，看上去颜色感更强烈，引人注目。图片广告以横幅展示，特点是灵活多变，表现力强。

## 2. 微信公众号图文广告

这种广告模式循规蹈矩，是很常见的图文配合，文字信息相对第一种来说比较充沛，只是图片就没有那么吸引眼球了。其特点是制作简便，契合微信阅读的

场景。

### 3. 微信公众号卡片广告

这种模式没有照片类的信息，不过会有企业Logo，信息也相对完整。其优点是最后有"一键关注"的按钮，更加方便。其外形小巧，承载信息丰富，能够引导客户专注公众号、领取优惠券等。

底部广告可以在浏览完文章后看到，如果文字信息足够引人注目，自然会有用户愿意成为微店或公众号的粉丝。哪怕对方并没有加关注的倾向，广告打得多了，大部分用户也会对这个品牌产生深刻印象。广告如果足够高端，甚至还能提升品牌形象，这对未来长远发展是有重大好处的。

在营销过程中，为了吸引更多的客户，营销者也可以试着给自己的品牌或是公众号在一个浏览量较大的公众号里投放广告。一般来说，直接登录"腾讯广告"网站就可以与工作人员取得联系，并且将广告投入微信各个可以打广告的角落。

"腾讯广告"的首页如图8-23所示。广告费用会因为广告投放的地方、时间等因素有高低之分。但是可以肯定的是，在广告方面投入越多，获得的收益也会越多。不过营销者还是应该以店铺经营状况为前提妥善考虑，切莫头重脚轻。

**图8-23　"腾讯广告"的首页**

除了可以在其他企业的公众号中打广告以外，营销者也可以撰写一篇关于品牌或是某个商品的软文，直接刊登在自家微信号或者是其他浏览量比较大的微信公众号当中，往文章中植入品牌或是商品的介绍，如图8-24所示。

图 8-24　植入广告的公众号软文

　　这两篇文章都是在介绍摄影的基本知识，文章作者为了推销自己的书籍，便在文章中植入了这两本书的介绍，刚好在学习这方面知识并且苦无门路的微信用户们便会对这两本书产生购买的欲望。当然，植入广告的文章有一点必须注意，那就是文章内容得有意思或者有深度，一定要在文章中体现出商品的价值来，不然客户根本不会买账，不可能心悦诚服地接受所销售的商品。

　　不管是微信公众号的底部广告也好，还是直接做软文营销也罢，都应该从自身企业的实际情况出发，去考量投入的多少、性价比是否相对来说比较高之类的内容。思虑再三之后再去选择最适合自己的品牌，而不是盲目地跟随大众。

## 074　头条号文章转载链接，充分运用广告词

　　今日头条媒体平台，是由字节跳动推出的一个媒体 / 自媒体平台，可以帮助各种企业、个人创业者以及机构等电商运营者，扩大自身影响力，增加产品曝光率和关注度。所以现在很多自媒体或是营销者也会选择头条号来作为宣传品牌或者商品的中介，而且作为网页，它同样也可以被分享至朋友圈当中。

　　头条号和微信公众号的界面十分相像，也是放置文章的地方。所以头条号也可以像微信公众号一样，发表一些营销类软文，再由营销者转进朋友圈当中，让好友们点击进去阅读。

　　一般来说，头条号打广告的地方有以下几个。

　　(1) 植入文章内部广告：潜移默化影响客户。

　　(2) 橱窗广告：专属位置方便客户。

(3)平台推荐广告：样式醒目吸引客户。

下面为大家详细介绍这3个打广告的部分，营销者可以充分运用。

### 1. 植入文章内部广告

这个很好理解，其实就和微信公众号内部的软文营销一样，将商品编写进文章里，但又不能太露骨，一定要在不知不觉中影响对方，让他们从潜意识里认识某种品牌或商品，如图8-25所示。在这篇文章里，作者也是介绍了一些拍摄摄影作品的小技巧，然后顺着这些技巧给读者推荐了几本自己写的关于摄影方面的书籍。

### 2. 橱窗广告

头条号主页的橱窗设置了专属的广告位给营销者，如图8-26所示。营销者可在橱窗里放置相关的产品，头条用户点进营销者主页即可见，商品右下方还能显示销售量，销售量越高，对于用户来说就越有吸引力。

### 3. 平台推荐广告

头条号中除了可以做软文营销以外，同样也留有广告位给那些付过基本费用的营销者们，那就是头条号内容框里的流动广告栏，本该是头条号内容的那些栏目变成了广告商位，如图8-27所示。这些广告以图文的方式出现，样式醒目，引人注意，并且在下方设置了购买链接，可以直接点击了解购买，十分方便。

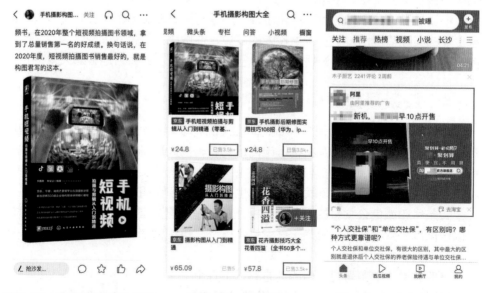

图8-25 头条号文章植入广告　　图8-26 橱窗广告　　图8-27 平台推荐广告

## 075 外卖引流，吃好了就加个微信吧

随着互联网的发展和普及，外卖改变了大多数年轻人的饮食习惯。短短几年时间，人们就从自己做饭到下楼吃饭，变成了手机点单送饭到家，简单便捷的方式吸引了一大批用户群。民以食为天，食物是我们生存的基本条件，人们对它的需求是源源不断的，所以外卖市场就是营销者引流的现成资源库。

怎么通过外卖引流法引流呢？举个例子说明一下，如图 8-28 所示。

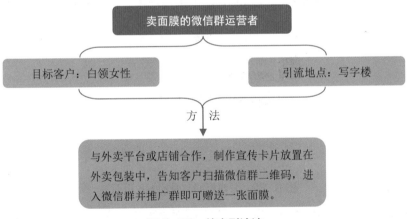

**图 8-28　外卖引流法**

## 076 驿站引流，接触的人群量最广泛

除了在快递盒子上贴二维码进行引流外，与附近的菜鸟驿站合作推广也是一种很有优势的引流法，它的优势主要表现在以下两个方面。

一是接触的人流广。

二是接触的人群大部分是热爱购物者。

抓住这两点，菜鸟驿站引流法就是一个非常有效的引流方法，其主要的引流流程如下。

（1）和菜鸟驿站工作人员达成合作，在店铺内张贴二维码和宣传单。

（2）二维码张贴在驿站的显眼位置，越大越好。

（3）将宣传单附加在快递包装上。

（4）在签收快递处提供宣传单供客户自行拿取。

## 077　H5页面转载链接，效果提升显著

H5页面，是现在十分常用的数字产品。通过它，客户们可以打开新媒体运用平台而不用下载任何App或是跳转进入浏览器。H5页面基于云端，无须下载，它能够融合文字、图片、音频、视频、动画以及数据分析等多媒体元素在一个界面当中，甚至还能在后台实时获取阅读和传播情况，给决策者提供大数据，效果提升显著。

一般来说，H5最常见的功能有投票、接力、抽奖、展示、报名以及地图等。

在H5页面上，允许滑动、点击等基础手势动作，所以H5页面上的内容除了可以看外，还可以手动参与互动。而且，基本的投票与抽奖等功能都可以做到。另外，H5页面同样也可以分享至朋友圈，进行广告宣传，如图8-29所示。

**图8-29　分享至朋友圈的H5页面**

一般来说，营销者要想制作一个H5页面来宣传自家的产品和品牌，有两种渠道可以选择，一是自己查找制作H5页面的网站，二是求助专业做H5页面的人士。不过很明显，专业人士制作的更加好看精致，而且也不需要营销者自己花费太多时间。两种渠道各有各的优缺点，营销者可以根据自身的实际情况酌情选择。

当然，不管选择哪种渠道，营销者在制作H5页面时，都要站在微信好友的角度想问题，要去分析他们想要看什么，然后尽量发挥想象力，将所要写的东西描述得更有意思一些，这样才能吸引微信好友的注意，起到宣传商品或者品牌的作用。

H5页面在对外展示时也可以分成几种不同的类型，如图8-30所示。

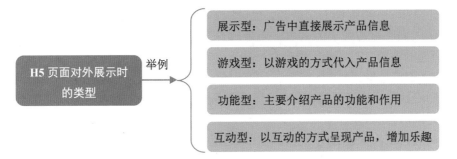

图 8-30 H5 页面对外展示时的类型

接下来为大家详细解释这几种类型。营销者们应该细心对比这几种形式，选择最适合自己品牌或企业的宣传方式进行宣传。

1. 展示型：广告中直接展示产品信息

H5 页面中的展示型非常容易理解，就是指所制作出来的宣传页面并没有太多拐弯抹角，而是直接展示所要介绍的内容。一般来说，H5 页面的展示型，最常用到 3 种制作方式，分别是视频形式、幻灯片形式和空间展示形式。下面为大家详细介绍以上 3 种形式。

1）视频形式

视频形式十分简单，也就是说，用户点击进入一个 H5 页面，它就会开始播放一段视频，一直到视频结束，如图 8-31 所示。

图 8-31 带有视频的 H5 页面

如果在 H5 页面插入了视频，就证明不能再放置太多文字或者图片信息进去了，所以最终宣传效果怎么样，就单靠这个视频的质量了。这就要求选择这种 H5 页面的营销者对视频尽量上心一些。

2）幻灯片形式

幻灯片形式应该是最常见的 H5 页面形式了，很多企业或是公众号做年底总结的时候都会用到这种形式。

简而言之，就是选用一些富有代表性的照片，将重点文字标注在图片的空白处，伴随着背景音乐自动播放或是通过点击屏幕进行不断的变化。如图 8-32 所示，就是宣传深圳地标所制作的 H5 页面。

图 8-32　宣传深圳地标所制作的 H5 页面

一般营销者还是会选择用这种方式做产品介绍，但是有一点必须注意，幻灯片的数量不能太多，也不能太少。太多对方会嫌花的时间太长、内容太啰唆容易不耐烦，太少有可能商品的重点都没有展示出来，幻灯片的内容也不出彩。所以一般在制作幻灯片型的 H5 页面时，商户最好可以将幻灯片的数量保持在 6 ~ 10 张，这个数量能让大多数顾客认同。

3）空间展示形式

空间展示形式所制作的页面空间感很重，不再是平面的图片，而是用 3D 效果的空间图来展示它。有时甚至会运用"一镜到底"这种专业摄影技术来制作。所打开的 H5 页面包含了多种信息内容，可以通过点击、滑动等手势选择需要查看的模块。空间展示型的 H5 页面如图 8-33 所示。

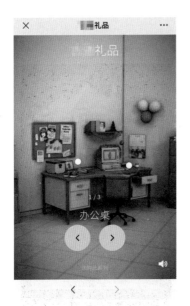

**图 8-33 空间展示型的 H5 页面**

这种 H5 页面的制作方式可能比较复杂一些，一般的营销者想要自己完成恐怕有些难度，而且也要花费很多时间。如果想要这种效果的 H5 页面，营销者最好还是找专业人士寻求帮助。

2. 游戏型：以游戏的方式代入产品信息

由于现在市面上的广告类型越来越多，各种形式早已不新鲜，所以很多营销者都在另辟蹊径想寻找一些更加有意思、能让更多人注意的广告形式。就近几年来说，越来越多的人迷上了游戏，特别是手游。游戏开始慢慢地被各个年龄阶层的人所接受，不再仅仅是年轻人的消遣活动了。

聪明的营销者就盯上了这个未被开发、参与人数众多的领域，纷纷开始将广告植根于游戏当中，让用户在参与游戏的过程中潜移默化地被广告所影响。有些企业直接寻求广告商的帮助，要求对方制作一个专属自己企业的小游戏。这类游戏中所有的设备、道具等都有品牌的痕迹。当然，这种游戏就是属于 H5 页面的小游戏了。

而且这种小游戏还能通过朋友圈直接分享给各位微信好友们，无须下载，点进去就能玩，既可以让对方在闲暇时光消磨时间，又可以起到宣传品牌的作用，何乐而不为呢？

让我们看一个例子。如图 8-34 所示，是赞助商制作的 H5 小游戏。这款游戏既简单又有趣，用户进入 H5 页面后会化身成为一名登山员，通过使用手指滑动屏幕来移动人物登山，成功登顶后页面会引导用户分享，用户既能领取相关小礼品，又起到了为赞助商品牌宣传的作用。

图8-34　登珠峰游戏界面

其实现在游戏广告尚未挖掘完毕，所以营销者应该抓住这一机会，在自己力所能及的范围内寻找广告资源，不断地提高自己品牌的知名度。

### 3. 功能型：主要介绍产品的功能和作用

功能型H5页面，顾名思义，重点在于"功能"二字。也就是说，这款H5页面可能不如别的类型画面那么精致，因为重点强调的是它的功能和作用。准确来说，功能型的H5页面，设计出来就是为了让人们反复利用，而不是看完就弃掉的。这一设计理念就要求这种H5页面必须有它存在的意义，能够方便人们的生活，甚至可以达到非它不可的地步，那就更加成功了。

首先给大家展示一个例子。图8-35是腾讯WiFi管家为宣传自己的品牌所打造的一款宣传H5，页面中有可重新体验的"还没看够"按钮，有查询被WiFi覆盖的城市地铁的"查看城市"按钮，也有跳转到下载页面中的"立即体验"按钮。

可以看出，这个H5界面中"腾讯WiFi管家，地铁都能连"这行文字被列车和活力四射的人们围绕在其中，凸显其内在的作用，达到了宣传的效果。

一般的H5页面被设计出来，主要是作用于商品或品牌的宣传，有时是打折季，有时是新品上市季，总之都有一定的时效性，过了这段时间，客户们便会淡忘之前看过的宣传内容。而功能型页面不一样，它并没有那么强调时间的概念，也没有那么注重形象的设计，它更加注重的是后续的经营。

图 8-35　腾讯 Wi-Fi 管家所做的 H5 页面

营销者应该把 H5 页面当作一个轻应用来设计，让它可以在用户的生活中占有一席之地，而不是像一份随手发放随手丢弃的宣传册。其实这种想法也是一种升级，它转换了商户们的思考角度，将宣传融入实际用途中，让 H5 页面的实用性更高，让宣传的时效性也更加漫长。

4. 互动型：以互动的方式呈现产品，增加乐趣

其实互动型和展示型是有一些相似的，唯一的区别就是互动型页面加入了一些互动的功能让用户也参与进来，不至于觉得展示内容太过沉闷，进而厌倦或是不耐烦。一般的互动型 H5 页面最常用于全方位地展示一个完整的故事，因为害怕客户会不喜欢太过复杂或是老套的故事进而设计一些互动环节来增强故事的趣味性。

当然，所有的这些互动都只是一些较简便、基础、有趣的操作方式，所以也不会给客户们带来太过麻烦的体验。如图 8-36 所示，就是一个互动型的例子。

这是某音乐软件和婚庆公司联合制作的互动 H5，进入页面后滑动屏幕浏览树上的风铃标签，点亮符合自己经历的标签，被选上的风铃就会出现相应的图案，右下角的爱心则会显示已选数量，最后点击生成用户的专属海报。

这个浪漫温情的 H5 页面，目标便是吸引有结婚意向的客户。粉色作为主色调，许愿风铃和桃花都是熟悉的恋爱元素，再配上不紧不慢的美妙纯音乐，让用户沉浸在温暖的氛围里，点击相关按钮即可欣赏婚礼宣传视频。

专家提醒

不管是宣传还是增加曝光度，H5 的作用是不可忽视的。H5 宣传页面的链接可以增强用户的活跃度和黏性，充分利用可以帮助营销者轻松地在营销大军中突围而出。

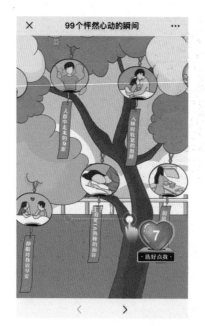

**图 8-36　宣传互动界面**

# 本 章 小 结

　　通过学习本章内容，可以了解到在现代社会中，微信成了我们生活中几乎不可缺少的一部分。同样，作为微信附属工具的朋友圈也日益重要。随着朋友圈的不断普及，各种广告纷至沓来，也成了我们生活中习以为常的一部分。

　　因此作为营销者，必须学会将广告营销如何完美、多样化地呈现出来，相信学过本章的朋友们对于广告营销技巧必定获益良多。

# 第 9 章

## 视频剪辑，7 种方法打造优质视频

**学前提示**

    在营销过程中，营销者们必须意识到，动态营销比静态营销更能获得人们的关注，视频动画生动的介绍往往比文字更吸引人的眼球。本章将介绍多种方法帮助大家学习视频营销，提高视频的质量。

**要点展示**

## 078  拍摄微信视频，牢记 8 个要素

一般营销者在进行朋友圈营销时都会用到"图片＋文案"的组合方式对产品进行介绍。除了文案和照片，朋友圈中视频的拍摄也可以对产品起到一定的营销作用。

现代广告业的营销方式同样可以在朋友圈广告中使用。报纸上刊登的广告和电视上有图像、有声音的广告比起来，哪个能够吸引到更多的用户呢？自然是视频广告类。所以，有时候在朋友圈营销中，视频所具有的营销潜力甚至超过图片。

为什么说视频的营销潜力能够超过图片呢？首先如我们所知，图片是可以后期精修的，很多时候，精修出来的图片会有一定的不真实性，而视频中的产品几乎可以让人摆脱掉这种疑虑。

其次，视频可以更加直观地告诉客户某种产品的具体用法和用途，不需要买家拿着说明书花时间进行对比和研究再得出结论。那么在朋友圈中如何拍摄视频呢？下面为大家介绍详细步骤。

步骤 01  进入"朋友圈"界面，点击右上角的 ◙ 图标，弹出带有"拍摄"按钮的选项面板；点击"拍摄"按钮，如图 9-1 所示。

步骤 02  进入"拍摄"界面，长按下方 ◯ 图标即可进行视频拍摄，如图 9-2 所示。

步骤 03  拍摄完成后，点击界面下方相应按钮，即可添加表情、文字、音乐以及剪辑视频，用户可以根据需要进行编辑；点击"完成"按钮即可完成视频的拍摄，如图 9-3 所示。

图 9-1  点击相应按钮

图 9-2  长按相应图标

图 9-3  点击相应按钮

营销者可以将拍摄的视频配上合适的音乐，音乐很容易吸引客户，客户看到一个富有感染力的精美视频自然会对营销者及产品加深印象。下面简单介绍为微信视频添加音乐的方法。

**步骤 01** 点击 ♫ 按钮，如图 9-4 所示。

**步骤 02** 进入"音乐"界面，点击喜欢、合适的音乐按钮，向右滑动可查看更多音乐；选择配乐、视频原声或歌词；点击"搜索"按钮可选择更多音乐，如图 9-5 所示。

**步骤 03** 进入"背景音乐"界面，输入歌名、歌词或情绪即可搜索更多音乐，如图 9-6 所示。

图 9-4　点击相应按钮 (1)　　图 9-5　点击相应按钮 (2)　　图 9-6　"背景音乐"界面

营销者想要用微信视频进行产品宣传的前提，是学会如何拍好一个视频。拍摄视频需要注意以下 8 个方面，如图 9-7 所示。

图 9-7　拍摄视频需要注意的方面

接下来为大家详细分析以上 8 点。

1）清晰的像素

如果想要录制一段好的视频，手机像素是最基本的要求，成像质量有 50% 取决于手机像素。现在有不少手机在摄像方面是可以选择分辨率、画质等级以及格式的，营销者们在拍摄视频时，应该尽量选择高分辨率、高画质以及易于编辑的格式，以保证画面清晰。

2）合适的光线

手机摄像头尺寸很小，感光元件所能感应的光线就相对较少，所以感光能力有限，因此在光线不足的情况下拍摄视频时，相机会自动调高 ISO（感光度），来提高感光能力。

但是，提高 ISO 会导致噪点明显增加，从而影响画质。如果手机摄像头有主动降噪功能，虽然噪点会得到一定的控制，但是画面会变得模糊，同时色彩方面也会受到影响。因此，摄影者需要仔细观察拍摄环境，避免暗光和逆光等情况，同时可以利用录像白平衡模式来保证画质。

3）稳定地录制

大多数手机摄像头是在机身背部，镜头的视角是垂直于机身的，因此轻微晃动也会引起视角的变化，造成场景晃动得比较厉害。所以在拍摄时，一定要求稳，最好用双手同时稳住机身两端，手臂均匀用力。不少手机还有防抖功能，营销者可以开启该功能。

还要注意，应尽量避免走动，走动时，晃动会更加厉害。如果条件允许，最好能把手机放在稳固的物体上或是选购一款三脚架，以保证最佳的稳定性。

4）恰当的距离

大多数人在拍摄时，会习惯性地离拍摄主体偏远。注意，这种习惯是不妥的，不要离拍摄主体太远，因为手机视频分辨率有限，场景比较小。如果间隔太远，主体就会很小，不能充分展示细节。根据一般手机的设置，摄影者需要滑动手机屏幕来适当地调整与物体的距离。

在进行实际拍摄时，还是要适当地离主体近一点，尤其要注意人物的面部表情和肢体语言。但也不要太近，手机镜头大多是广角设计，焦距都比较短，如果离拍摄主体太近，会产生桶性畸变，就是俗称的"鱼眼"效果，类似于哈哈镜，导致局部比例失调，人物变形。

5）精美的滤镜

一般手机都带有默认滤镜，在录视频时同样可以使用。如果摄影者想要追求不一样的拍摄效果，可以在拍摄设置中选择滤镜类型。

6）合适的音效

视频的另一个重要因素就是声音，目前很多手机都号称具有立体环绕声，不过真正具有如此强大功能的手机并不多。通过网上很多网友拍摄的视频也可以看出，如果环境复杂，手机拍摄视频的声音会很嘈杂。因此，如果想要使拍摄效果更完美，应尽量选择比较安静的地方进行拍摄。

7）谨慎地对焦

由于手机摄像头对焦的机制并不如摄像机手动对焦效果那样好，所以假如在拍摄视频的过程中重新选择对焦点时，会有一个画面由模糊到清晰的缓慢过程，这一步很容易影响观看者的注意力。所以如果不是刻意为之，在按下摄像键之前，最好关掉自动追焦的功能。此外，还要先找好对焦点，避免在拍摄过程中再次对焦，保证画面的流畅。

8）变化的场景

拍摄视频时，往往需要跟着拍摄主体移动。除非做后期处理，否则不可能像电影里那样一瞬间切换场景。因此，最好在拍摄视频时就做到完美地"过渡"。在需要调整镜头方向时，不要忽快忽慢，尽量保持相同的速度，忽快忽慢地移动镜头会让人感到眩晕。

**专家提醒**

营销者在拍摄微信视频推销产品时，一定要记得将视频拍摄得清晰大方，只有这样，客户们才能够知道营销的内容。画面模糊的视频不仅会给客户带来不好的观感，视频内容也很难让人信服。

## 079 "剪映"剪辑，时长严格把控

营销者在微信朋友圈发布营销产品的视频时，除了可以直接录制以外，还可以选择手机中已经录制并且制作好的视频发布到朋友圈中。需要注意的是，上传至朋友圈的视频时间不能超过5分钟，并且只能截取30秒发布，如果想发布更长时间的视频，具体操作方法请参考第10章。所以说，视频的时长是必须被严格控制的，这就意味着时间过长的视频需要后期裁剪，仅留下比较重要的部分。

下面就以一家专门为老年人拍摄婚纱照的摄影公司为例，用现在较为热门的"剪映"App，教大家如何制作精美的朋友圈视频。首先在"剪映"App中导入拍好的素材，然后对其进行变速处理，控制好视频的总时间长度，具体操作方法如下。

步骤 01 在"剪映"App主界面中点击"开始创作"按钮，如图9-8所示。

步骤 02 进入"最近项目"界面，选择需要剪辑的视频素材，点击"添加"按钮，如图9-9所示。

**图 9-8　点击"开始创作"按钮**

**图 9-9　添加视频素材**

步骤 03　选择第一个视频素材，点击"变速"按钮，如图 9-10 所示。

步骤 04　进入"变速"界面，点击"常规变速"按钮，如图 9-11 所示。

**图 9-10　点击相应按钮**

**图 9-11　点击"常规变速"按钮**

步骤 05　拖曳红色圆环滑块，调整变速为 1.7×，如图 9-12 所示。执行操作后，即可缩短视频时长。

步骤 ⑥ 右滑选择第 2 个视频素材，调整变速为 3.5×，点击☑按钮完成变速调整操作，如图 9-13 所示。用同样的操作方法调整剩下的视频素材的播放速度，以达到控制视频时长的目的。

图 9-12 调整变速

图 9-13 点击相应按钮

## 080 添加片头效果，亮出精致开头

好友在刷朋友圈视频时，如果片头平平无奇，无法使其对视频后续内容产生观看的兴趣，很可能会直接划走不看。可以说，片头的精彩与否直接决定着好友是否会继续观看视频的内容，所以制作一个吸引眼球的片头，是非常有必要的。

片头的风格可以根据营销者的产品内容来定，比如卖生活用品的营销者，那么他的片头就要走休闲温馨风；如果是卖美食产品的营销者，那么他的片头则要充满生活气息，接地气一些。大家毕竟不是专业剪辑视频的高手，片头可以做得不那么完美，但是一定要符合产品特性，要有辨识度，还要讲究一定的技巧。

下面主要运用"剪映"App 的"特效"功能，给婚纱照营销的视频添加一个温馨的片头效果，为客户打开一个全新的视觉旅程。其具体操作步骤如下。

步骤 ① 进入视频剪辑主界面，点击"设置封面"按钮，如图 9-14 所示。

步骤 ② 进入"设置封面"界面，点击"相册导入"按钮，如图 9-15 所示。营销者也可以左右滑动视频帧选择封面。

图 9-14　点击"设置封面"按钮

图 9-15　点击"相册导入"按钮

步骤 ③　进入"最近项目"界面，选择一张照片作为封面，如图 9-16 所示。

步骤 ④　拖动或双指缩放调整画面，点击"确认"按钮，如图 9-17 所示。

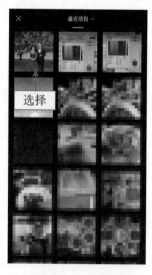

图 9-16　选择封面

图 9-17　调整封面

步骤 ⑤　执行上述操作后，即可导入相册中的照片，点击"添加文字"按钮，如图 9-18 所示。

**步骤 06** 输入封面文字；点击"花字"按钮，选择喜欢、合适的文字模板；点击"保存"按钮即可完成封面文字的设置，如图 9-19 所示。

**图 9-18 点击"添加文字"按钮**

**图 9-19 点击相应按钮**

**步骤 07** 进入视频剪辑主界面，点击"特效"按钮，如图 9-20 所示。

**步骤 08** 进入"特效"界面，点击"基础"按钮；选择"变清晰"选项；点击✓按钮即可完成片头特效的设置，如图 9-21 所示。

**图 9-20 点击"特效"按钮**

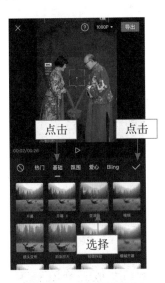

**图 9-21 点击相应按钮**

步骤⑨ 进入"特效"界面，拖曳"变清晰"特效左右两侧的白色拉杆，适当地调整其持续时间，如图9-22所示。

步骤⑩ 点击前两个视频素材连接处的"转场"按钮，如图9-23所示。

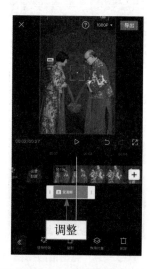

图9-22 调整特效持续时间

图9-23 点击"转场"按钮

步骤⑪ 进入"转场"界面，点击"基础转场"按钮；选择"向左擦除"转场效果；点击✓按钮即可完成转场设置，如图9-24所示。

步骤⑫ 用同样的操作方法设置其他视频素材的转场效果，如图9-25所示。

图9-24 点击相应按钮

图9-25 添加转场效果

片头的风格决定了视频的基调和所要表达的主题，具有很强的代入感。好的片头在整个视频中起到画龙点睛的作用，具有精彩的视觉效果和感染力的片头，可以在短短几秒的时间里，迅速地吸引观众的眼球，所以制作片头特效是非常有必要的，再加上一个醒目的视频封面，用户的注意力很难不被吸引。在视频素材之间添加转场效果不仅能很好地与片头相呼应，而且能自然过渡上下两段内容，加强视觉的连续性。

## 081　制作字幕效果，主题一目了然

大家平时在生活中看的不管是电视剧、电影还是短视频，差不多都添加了字幕，字幕可以让观众观看视频更加方便，不管是在嘈杂的车站，还是在安静的医院，完全可以关掉视频声音，通过字幕也能欣赏视频内容。

除了上节中介绍的添加片头转场效果外，给视频添加标题和解说字幕，也能让好友更加清晰地了解视频的主题内容，醒目的字幕甚至可以加强好友对视频的注意力和记忆力。下面主要运用"剪映"App的"文本"功能来介绍如何添加字幕。

步骤 01　拖曳时间轴至相应位置处；点击"文本"按钮，如图9-26所示。

步骤 02　执行操作后，点击"文字模板"按钮，如图9-27所示。

图9-26　点击"文本"按钮

图9-27　点击"文字模板"按钮

步骤 03　进入"文字模板"界面，选择合适的文字模板，如图9-28所示。

步骤 04　点击所选的文字模板；输入文字内容，如图9-29所示。

图 9-28　选择文字模板

图 9-29　输入文字

步骤 ⑤　在预览窗口中调整文字模板的位置和大小；在轨道中拖曳文字模板左右两侧的白色拉杆，适当地调整其持续时间，如图 9-30 所示。

步骤 ⑥　拖曳时间轴至合适位置处；在编辑菜单中点击"新建文本"按钮，如图 9-31 所示。

图 9-30　点击相应按钮

图 9-31　点击"新建文本"按钮

步骤 ⑦　在新建文本框内输入相应的文字内容，如图 9-32 所示。

步骤 08 点击"花字"按钮，选择相应的花字模板；在预览区中适当地调整模板的位置；点击 ✔ 按钮即可完成文字设置，如图 9-33 所示。

图 9-32  输入文字

图 9-33  点击相应按钮

步骤 09 点击"动画"按钮；点击"入场动画"按钮；选择喜欢、合适的动画效果；将动画时长调整为最大值，如图 9-34 所示。

步骤 10 在预览窗口中调整模板的位置和大小；在轨道中适当地调整文本的持续时长，如图 9-35 所示。

图 9-34  点击相应按钮

图 9-35  调整文字模板

步骤⑪ 点击"复制"按钮，复制文字效果；适当地调整复制文本的位置和持续时间，如图 9-36 所示。

步骤⑫ 点击"样式"按钮；修改文本内容，如图 9-37 所示。

图 9-36 点击相应按钮　　　　　　图 9-37 修改文本内容

步骤⑬ 使用同样的操作方法，复制文字效果并修改文字内容，以及其他文字的位置和持续时间进行适当调整，如图 9-38 所示。

图 9-38 制作其他文字效果

## 082 选择背景音乐，渲染视频气氛

营销者要想制作出一个相对来说比较完美的视频广告，往视频里面添加音乐是比较好的选择。在视频中加入背景音乐具有两个作用：一是提升视频的传播效果；二是消除原本的噪声，渲染视频的气氛。下面简单介绍一下这两个作用。

1）提升视频的传播效果

背景音乐在视频的传播过程中有着举足轻重的作用，选择的音乐素材不同，给人带来的感受也不尽相同。选择具有特色的背景音乐，可以给人留下深刻印象。比如大家都熟悉的拼多多广告，由一首节奏明快的歌曲改编而来，被很多消费者记在了脑海里，为其推广效果增光添彩。

2）消除原本的噪声，渲染视频的氛围

很多视频在录制结束之后，发现音源比较嘈杂，这样粗制滥造的视频是没有办法吸引客户眼球的。但是，如果给视频除去了杂音，并且配上了背景音乐，就能给人一种身在其中的感受，同时也可以很好地为产品渲染气氛。比如大家熟知的可口可乐广告，欢快的背景音乐让人心情舒畅，营造了一种愉快的氛围。

下面简单介绍一下如何利用"剪映"为视频添加背景音乐。

步骤 01 拖曳时间轴至相应位置处；点击"特效"按钮，如图 9-39 所示。

步骤 02 执行操作后，点击"新增特效"按钮，如图 9-40 所示。

图 9-39 点击相应按钮

图 9-40 点击"新增特效"按钮

步骤 03 在"基础"选项卡中选择"闭幕"特效，如图 9-41 所示。

步骤 04 执行操作后，即可在片尾处添加一个"闭幕"特效，如图 9-42 所示。

图 9-41 选择"闭幕"特效　　　　　图 9-42 添加"闭幕"特效

步骤 05 拖曳时间轴至起始位置处；点击"音频"按钮，如图 9-43 所示。

步骤 06 执行操作后，点击"音乐"按钮，如图 9-44 所示。

图 9-43 点击"音频"按钮　　　　　图 9-44 点击"音乐"按钮

步骤 07 进入"添加音乐"界面，在搜索栏中输入相关歌曲名称或歌手，如图 9-45 所示。

步骤 08 执行操作后，选择并使用搜索出来的歌曲，即可添加背景音乐，如图 9-46 所示。

图 9-45 搜索背景音乐

图 9-46 添加背景音乐

## 083 制作关注片尾，全力引流吸粉

如果说精彩的片头可以吸引观众的注意，抓住他们的眼球，从而产生继续观看的念头，那么片尾也一样重要。出彩的片尾不仅可以体现出烘云托月、升华主题的作用，还能引导观众继续关注营销者的账号，观看更多视频，了解更多信息，这也是一个引流吸粉的好途径。

接下来主要运用"剪映"App 的"剪同款"功能，教大家如何制作热门视频的片尾效果，提醒观众关注自己的营销账号。

根据上节的步骤完成视频添加背景音乐的操作后，点击"导出"按钮保存之前的视频素材。

步骤 01 进入"剪映"App 主界面，点击"剪同款"按钮 ；点击搜索框，如图 9-47 所示。

步骤 02 在搜索框中输入关键词搜索相关素材；点击"搜索"按钮，如图 9-48 所示。

图 9-47　点击相应按钮

图 9-48　搜索视频素材

步骤 03　在搜索结果中选择相应的"片尾"模板，如图 9-49 所示。

步骤 04　预览模板效果，点击"剪同款"按钮，如图 9-50 所示。

图 9-49　选择相应模板

图 9-50　点击"剪同款"按钮

步骤 05　进入"最近项目"界面，在"照片"选项卡中选择相应的素材；点击"下一步"按钮，如图 9-51 所示。

步骤 06　进入"编辑"界面，点击"文本编辑"按钮；点击"点击编辑"按钮，如图 9-52 所示。

图 9-51 点击"下一步"按钮

图 9-52 点击相应按钮

步骤 07 输入片尾需要展示的文字；点击"完成"按钮，如图 9-53 所示。

步骤 08 点击"导出"按钮，如图 9-54 所示，即可完成片尾效果的制作。

图 9-53 输入片尾文字

图 9-54 点击"导出"按钮

步骤 09 在"剪映"App 主界面点击"开始创作"按钮，进入"最近项目"界面，选择已经编辑好的视频素材和片尾素材；点击"添加"按钮，如图 9-55 所示。

步骤 10 确认无误后，点击"导出"按钮，即可完成片尾的制作，如图 9-56 所示。

图 9-55　添加视频素材

图 9-56　点击"导出"按钮

## 084　"一键成片"功能，简单实用操作

"剪映" App 为了方便用户剪辑推出了"一键成片"功能，操作简单便捷，对于没有时间剪辑视频的营销者来说，实用性很强。下面简单介绍如何使用这项功能。

步骤 01　打开"剪映" App，点击"一键成片"按钮，如图 9-57 所示。

步骤 02　进入"最近项目"界面，选择需要剪辑的素材；点击"下一步"按钮，如图 9-58 所示。

图 9-57　点击"一键成片"按钮

图 9-58　点击"下一步"按钮

步骤 03 执行操作后，显示合成效果的进度，如图 9-59 所示。

步骤 04 稍等片刻视频即可制作完成，并自动播放预览；营销者自行选择喜欢的模板，点击"点击编辑"按钮，如图 9-60 所示。

图 9-59 显示合成效果的进度

图 9-60 点击"点击编辑"按钮

步骤 05 进入"编辑"界面，点击下方的"点击编辑"按钮；可选择"拍摄""替换""裁剪"或"音量"来编辑素材，如图 9-61 所示。

步骤 06 切换至"文本编辑"选项卡；点击"点击编辑"按钮，即可对文字重新编辑，如图 9-62 所示。

图 9-61 点击相应按钮（1）

图 9-62 点击相应按钮（2）

步骤⑦ 输入相关文字，点击"完成"按钮，如图 9-63 所示。

步骤⑧ 执行操作后，点击"导出"按钮；在弹出的"导出选择"选项框中点击"无水印保存并分享"按钮，如图 9-64 所示。执行操作后，即可在朋友圈中发布视频进行宣传。

图 9-63　输入文本内容

图 9-64　导出视频

## 本 章 小 结

本章主要为大家介绍了 7 种视频剪辑的方法，包括如何拍摄视频、剪辑视频时长、添加视频片头、添加字幕效果、添加背景音乐、制作视频片尾以及一键成片等。相比文字和图片，视频更具备即视感和吸引力，能在第一时间快速地抓住受众的眼球，从而达到理想的宣传效果。

希望学过本章的读者朋友可以很好地掌握这些知识点，并学以致用。大家也可以购买一本专业的书，系统全面地学习视频的剪辑方法。

# 第 10 章

## 视频营销，8 个要点玩转视频号与直播

**学前提示**

视频号和直播是潜力巨大的营销市场，同时也是竞争激烈的阵地。微信视频号和直播还处在发展阶段，本章将介绍视频号和直播的运营技巧、引流方法以及变现手段，营销者可以将其作为一个突破点，抢先获得一拨红利。

# 085　账号定位，瞄准视频号发展方向

随着 5G 时代的到来，网络的速度加快，网络媒体也开始把重心从图文向视频靠拢。不得不说，5G 时代的到来给各个短视频平台提供了更好的发展机会。现在人们的生活越来越离不开短视频，可以说，刷短视频已经成为人们打发时间的主要的休闲娱乐方式。

抖音、快手等短视频平台的成功都验证了短视频发展的前景，就目前来说，微信视频号还处于发展阶段，功能相对而言没有那么齐全，但据统计，微信的日活跃用户数已超过 10 亿，抖音日活跃用户数高达 6 亿，微信在用户数上要比抖音、快手多得多。视频号背靠强大的微信，拥有基数庞大的用户群以及独一无二的互联平台，营销者一定不能错过这个绝佳的发展机会。

下面主要收集几种目前在视频号上出现得比较多的内容形式以及账号类型，希望可以给想要通过视频号营销的营销者们厘清一些思路。就视频号的内容形式而言，主要有抖音和快手等平台视频搬运分享、长视频作者（如 B 站 Up 主）倒流、明星微博内容发布以及原创新内容等。

视频号的主要账号类型有以下 3 种：个人号、营销号以及官方号。

1）个人号：网红、个人 IP

微信推出视频号是为了弥补短视频内容方面的缺失，降低创作的门槛，打造一个人人都可以创作的平台。虽然朋友圈也可以发视频动态，但是有人数上的限制，好友不能超过 5000 人，以及朋友圈发布的视频不能超过 30 秒的时间限制。而且朋友圈定位是熟人互动，属于私密社区，不能充分满足个人自我表达和获取名利的欲望。

如图 10-1 所示为个人号界面截图。在内容为王的时代，对于视频号的个人号而言，找准自身定位、创作优质的作品是获得关注、创造收益最直接的手段，高质量的原创内容在视频号中将会有更强的传播力。

2）营销号：个体工商户、企业

如图 10-2 所示为营销号账号界面截图。营销号的主体一般为个体工商户、企业等注册并认证的视频号，它主要通过打造爆款内容来吸引粉丝流量，最终达到卖产品或服务的目的。营销号在运营视频号前，首先要找准自己的目标客户群体，然后根据其用户属性创作垂直领域的视频内容，并且持续输出高质量的内容，激发客户的购买欲望。

3）官方号：品牌方

如图 10-3 所示为官方号账号界面截图。官方号一般以品牌方为主，它为品牌输出口碑、扩大品牌曝光度以及提高产品转化率提供了平台。品牌方在利用视频号输出内容时，最好与当下的热点结合，从而争取更多的流量，达到更好的宣

传效果。

图 10-1 个人号　　　　图 10-2 营销号　　　　图 10-3 官方号

视频号账号定位就是确定营销者视频号内容的方向, 可以根据营销者产品的类型进行内容的创作和发布。例如, 视频号"龙飞摄影"的账号定位是摄影类账号, 所以该账号发布的内容以摄影为主, 主要教大家摄影方面的小技巧以及分享作品, 账号定位的目标对象就是喜欢摄影的视频号用户, 如图 10-4 所示。

图 10-4 视频号账号定位

大部分营销者之所以想做视频号运营，就是希望能够借此变现，获得一定的收益。而产品销售又是比较重要的一种变现方式，因此选择合适的变现产品，进行产品的定位就显得尤为重要了。根据视频号营销者自身的情况，产品定位大致可以分为两种：一种是根据营销者自身拥有的产品进行定位，另一种是根据营销者自身业务范围进行定位。

第一种定位方式，营销者如果本身就有自己的营销产品，可以直接将这些产品作为销售对象在视频号内进行营销。

例如，某位视频号营销者开了一个水果店铺，卖各种各样的水果，于是便将视频号定位为水果销售类账号。营销者不仅将账号命名为"XX 水果店"，而且还通过视频进行水果的展示，在视频封面添加了文字内容引导用户观看，在视频号评论区为用户提供了购买水果的联系方式。这样，视频号有了稳定的浏览量，水果店铺也会有稳定的客源，如图 10-5 所示。

**图 10-5　根据自身拥有的产品进行定位**

第二种定位方式就是在自身的业务范围内发布视频内容，然后根据内容插入对应的商品链接。一般来说，这种定位方式适用于自身没有产品，但是希望通过视频号变现的营销者，这部分营销者只需要根据视频内容添加合适的商品，便能借助该商品的链接获得佣金收入。

例如，某个视频号的营销者以发布甜品美食类的视频为主，主要内容就是甜品美食的制作方法。而该账号的营销者自身又没有可以直接销售的商品，于是，营销者便在个人主页的商店中添加他人店铺中的产品来获取佣金收入，比如全麦面包，如图 10-6 所示。

图 10-6　根据自身业务范围进行定位

## 086　账号运营，打造个人专属视频号

视频号的入口设置在微信的"发现"界面，位置仅次于朋友圈，这无疑增加了视频号大量曝光的机会。营销者想要打造一个专属的视频号，首先要清楚视频号的玩法，下面简单介绍视频号的几点基本特性。

1）发布图片与视频

营销者在视频号上发布内容有 3 种方法：第一是使用相机拍摄直接发布；第二是从手机相册选择素材；第三是使用视频号剪辑工具"秒剪"制作视频。发布的图片不能超过 9 张；短视频的时间最长不能超过 1 分钟、最短不能低于 3 秒；发布 1～15 分钟的完整视频，将播放前 1 分钟的预告。

视频号发布的图片和朋友圈九宫格的显示有所不同，只能左右滑动查看。并且视频号发布的图片不能点击放大、缩小以及保存，图片中如果有二维码标识，也不能长按识别。

2）视频自动播放

视频号用户在进入视频号的主页面之后，刷到的短视频内容都是自动循环播放的，视频播完之后会自动重播，不会跳到下一个视频。用户刷到喜欢的视频内容可以分享、点赞和评论。视频号有两种点赞方式，既可以双击视频进行点赞，也可以点击视频下方"爱心"按钮进行点赞。视频号评论最多显示两条，其余评论会被折叠，需要点击展开才能全部看到。

3）在视频号中添加公众号文章超链接

视频号营销者发布内容时，可以在视频的下方插入公众号文章的超链接。独立创建的视频号与微信公众号的粉丝不相通，而插入超链接则可以将两者打通，也有利于为公众号引流，如图 10-7 所示。

图 10-7　在视频号中添加公众号文章超链接

4）在视频号中添加位置

视频号添加位置和微信的定位功能相似，对于有实体店的营销者来说，添加位置是十分实用的功能。视频号的本地化运营非常重要，一般来说，营销者的视频号发布短视频后，会先推给附近的人看，然后根据标签进行推荐。这是一个本地化的人口红利，建议营销者们多发布本地化的内容，这样更便于后期商业变现。

5）视频号改名

有些视频号营销者可能对于自己刚开始起的视频号名字不满意，或者出于给视频号重新进行账号定位等原因，需要更改视频号的名字。不建议大家频繁更改名字，这样会不利于其他视频号用户搜索你的账号，也会损失一部分之前的粉丝，而且视频号平台规定一年只能更改两次名字。

6）视频号带话题

如图 10-8 所示，营销者在视频号发布视频或者图片的时候，可以带上与所发内容相关的话题，这样微信官方会推荐给更多喜欢看这类内容的用户，从而吸引更多精准用户的关注。

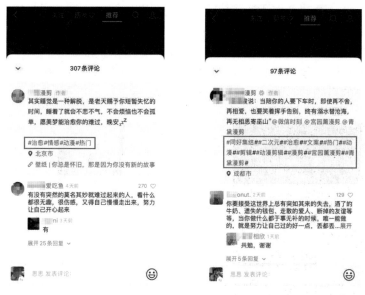

图 10-8　视频号带话题

## 087　内容发布，高效合理的上传技巧

营销者想要打造一个高人气的视频号，除了需要优质的内容外，还需要掌握视频号的发布技巧，在合适的时间用准确的方式发布内容，这样才能更好地推广引流。视频号的发布技巧具体有以下几点。

1）合适的画面尺寸

一般来说，视频号用户在视频号上发布内容时，最好选取尺寸为 608 像素 × 1080 像素的横屏图片、视频，或尺寸为 1080 像素 × 1230 像素的竖屏图片、视频。选择适合视频号界面的尺寸来展示图片或视频，这样的内容相对来说比较优质，其他视频号用户的阅读体验也会更好，愿意看发布的视频号内容，那么该视频号就能够获得更多视频号用户的分享、喜欢和评论。

如果选择的图片尺寸不合适，图片过大在视频号中只会被截取一部分，图片过小则不能填满视频号界面，就会出现以其他背景填充的情况，从而降低了所发布内容的质量，如图 10-9 所示。

2）详细的发布信息

营销者的短视频作品制作完成之后，发布短视频也要将功能利用到最大化。如图 10-10 所示，为视频号内容的发表页面，该营销者为视频添加了话题标签，并且不止一个，只要是相关内容的都可以添加，这样做能为视频带来不少流量和点击率。

除此之外，营销者也添加了自己店铺的所在位置，刷到该视频的同城用户就可以直接联系。营销者还能发起相关活动，吸引其他视频号用户参加，提高视频号的互动量和影响力。拥有公众号的营销者可以添加扩展链接，关联公众号进行推广。总的来说，营销者需要最大化地利用一切能够增加曝光率的功能，实现自己推广引流的目的。

图 10-9　不合适的视频尺寸

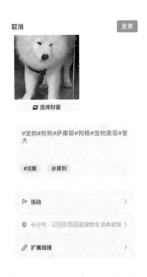

图 10-10　视频号发表页面

3）合适的视频时长

短视频，顾名思义，就是视频的时间不能太长，因为用户大多是利用碎片化时间来观看视频，如果视频时间太长，用户可能就没有足够的耐心看完，甚至直接划走不看，所以太长的视频会影响营销者视频本身的点击率和推广度。

根据平台的规则特点和视频本身的内容质量，建议横版短视频时长为 1～5 分钟比较合适。需要注意的是，营销者千万不能为了增加视频长度而注水，粗制滥造的视频内容不仅影响视频号的影响力，还会损失一部分粉丝。

竖版短视频的时长应该更短，一般的竖版短视频时长应该控制在 1 分钟以内，因为观看竖版视频的用户时间更加碎片化。营销者可以根据第 9 章介绍的剪辑方法把握视频的时间长度并进行视频的后期处理。

4）合理的发布时间

营销者在发布视频号短视频时，建议发布频率是一周至少 2～3 条为基本，然后再进行精细化运营，保持视频号的活跃度。至于视频号发布的时间，为了视频被更多的用户看到、火得更快，最好选择在视频号粉丝在线人数多的时候进行发布，这样才能将曝光率最大化。

同样的作品在不同的时间段发布，效果肯定是不一样的，因为流量高峰期人多，那么作品就有可能被更多人看到。如果营销者一次性录制了好几个视频，千万不要同时发布，每个视频发布时中间至少要间隔一小时。

另外，发布时间还需要结合营销者目标客户群体的时间，因为职业的不同和工作性质的差异，发布的时间节点也有所差别，因此营销者要结合内容属性和目标人群，选择一个最佳的时间点发布内容。需要注意的是，发布核心就是在人多的时候进行，这样视频得到的曝光和推荐会大很多。

据统计，饭前和睡前是视频号用户最多的使用场景，有 62% 的用户会在这段时间内看视频号；10.9% 的用户会在碎片化时间看视频号，如上卫生间或者上班路上。尤其是睡前、周末以及节假日这些段时间，视频号的用户活跃度非常高。建议大家最好将发布时间控制在 3 个时间段，如图 10-11 所示。

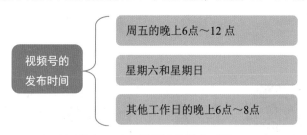

**图 10-11 视频号的发布时间**

5）理性的内容维护

很多短视频都是在发布了一周甚至一个月以后才开始火爆起来的，视频号上其实人人都是平等的，其中的变量就是内容的质量。那些默默无闻的作品，可能过一段时间又能够得到一个流量扶持或曝光的机会，视频号是否能够快速地吸引目标用户的眼球，核心还是内容的好坏。

所以，营销者需要牢记"时间性"的重要性，因为很多营销者在运营视频号时有一个不好的习惯，当发现某个视频的整体数据比较差时，营销者就会把这个视频删除。建议大家最好不要删除之前发布的视频，尤其是账号还处在稳定成长的时候。过往的账号权重会因此受到影响，因为账号本来可能已经运营维护得比较好，内容也能够稳定地得到推荐，营销者此时把之前的视频删除，不仅会影响当下已经拥有的整体数据，还可能会减少视频上热门的机会以及内容被再次推荐的可能性。

## 088 搜索优化，升级视频号内容排名

视频号搜索入口是一个重要的分享和引流入口，因此，营销者要做好视频号的排名优化工作，通过优化搜索，全面占领流量。在微信视频号中，营销者要想

提高自己视频号的搜索排名，可以从以下两个方面入手。

1. 醒目的视频号名称

用户搜索视频号，主要是直接使用关键词进行搜索。因此，视频号的名称要在直观上给用户一种能够满足他的需求的感受。那么营销者要如何取一个在直观感受上就能够吸引用户眼球的名称呢？下面从体现领域特征、满足用户需求和恰当的组合这3个方面分析介绍。

1）体现领域特征

选出视频号要涉及的类别中比较关键、具有特征的词语，比如摄影方面的关键词有摄影、构图、手机、拍照、日记以及旅游等，如图 10-12 所示。

**图 10-12　与摄影有关的视频号名称**

2）满足用户需求

营销者首先要分析出能够满足自己视频号目标受众用户需求的词语，比如技巧全面性的关键词有大全、一本通、攻略、技巧、方法、训练营以及玩转等，如图 10-13 所示。

3）恰当的组合

根据视频号的特点、受众以及定位等多方面的因素，综合组建几个最适合主题且无人注册的名称，从关键词匹配度考虑挑出最合适的。如图 10-14 所示为旅游主题的名称组合，如"绝美的XX，你去过几个？""一生必去的X个地方"等。

图 10-13　满足用户需求类的视频号名称

图 10-14　恰当组合的视频号名称

### 2．匹配的视频号标题

营销者在视频号上发布内容时，要想吸引更多的视频号用户观看，那么就需要重视视频号的标题。第 7 章已经详细介绍过如何打造爆款标题，这里就不再赘述了。由于视频号用户是直接通过关键词进行搜索的，所以这里主要介绍的是标题中的关键词。

下面从视频号标题的关键词热度、关键词次数以及关键词主题3个方面以图解的形式分析介绍，如图10-15所示。视频号营销者要学会举一反三，将起名的方法熟练运用。

| 关键词热度 | 营销者在标题中嵌入当下发生的热点或当下出现频率高且高流量的关键词，如摄影方面的就有"太美""独特"等。 |
| --- | --- |
| 关键词次数 | 关键词的次数根据文章主题来定，如摄影主题的标题关键词就要嵌入 2 ～ 3 个与摄影相关的关键词 |
| 关键词主题 | 关键词主题就是视频号主题或视频号能够延伸的主题，如摄影的关键词主题就有"构图""技巧""大师""高手"等 |

**图 10-15　分析如何取视频号标题**

**专家提醒**

短视频营销的优势是能够消除人与人之间的距离感，营销者想要知道用户如何搜索，就必须从用户的角度去思考、选词，积累用户的搜索习惯。营销者应该优先选择那些符合大部分用户搜索习惯的关键词。

常言道：知彼知己，百战不殆。建议营销者在设置关键词时，可以深入了解一下竞争对手的视频号，摸清竞争对手视频号的关键词及布局情况，这样不仅能找到需要优化的漏洞，还能掌握目前关键词的竞争热度，以便进行优化部署，具体的操作方法如下。

（1）营销者在视频号中搜索与自己产品相关的关键词，重点查看摘录在搜索中排名靠前的关键词，然后进行对比分析。

（2）营销者到网站上查询搜索结果显示出来的排名靠前的公司信息，或者搜索这些公司的公众号或视频号，然后分析它们的网站目录描述或公众号功能介绍以及视频号简介，查看核心关键词或辅助关键词，统计出竞争者名单。

（3）营销者分析自己视频号上的客户信息，将客户购买的产品信息中出现的关键词统计出来，可将关键词的重要程度进行分类汇总，找出客户关注的重点关键词，从而进行更精准的布局。

# 089 平台互动，巧用朋友圈推广引流

视频号的内容可以一键转发给好友、群聊和朋友圈，这就让视频号的推广形成裂变之势。抖音则很难利用微信的社交关系，任何人想把抖音上的短视频发送给微信好友，都需要先把视频保存至手机相册，或者把视频链接复制到聊天框。下面介绍视频号与朋友圈之间互动引流的方法。

## 1. 朋友圈分享视频号

朋友圈是一个巨大的流量入口，推广视频号一定不能错过这个据点，在朋友圈内分享视频号具体有两种方法，下面进行详细介绍。

1）分享视频号视频

营销者将视频发布在视频号平台后，点击界面下方的"分享"按钮 ➡️，将视频分享到朋友圈，让好友们看到视频，并点赞、评论，当视频获得很多赞时，可能会被系统推荐给更多的人看，如图 10-16 所示。

**图 10-16  朋友圈分享视频号中的视频**

2）发送 60 秒视频号视频

除了从视频号界面点击分享视频的方法外，也可以直接在朋友圈发布 60 秒的小视频，这样不仅可以增加朋友圈小视频的时长，丰富视频内容，还可以间接地对视频号进行推广。其具体操作方法如下。

**步骤 01** 进入"朋友圈"界面，点击右上角的 📷 图标；在弹出的选项面板中点击"从手机相册选择"按钮，如图 10-17 所示。

**步骤 02** 进入"视频"界面，选择要上传的视频，如图 10-18 所示。

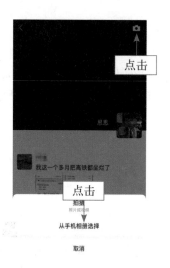

**图 10-17  点击"从手机相册选择"按钮**　　　　**图 10-18  选择要上传的视频**

步骤 ③ 点击右上角的"发表超过 30 秒视频"按钮；点击"用视频号发表（60秒）"按钮，如图 10-19 所示。

步骤 ④ 进入视频号界面，设置信息；点击"发表"按钮，如图 10-20 所示。

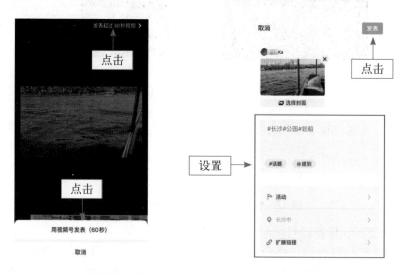

**图 10-19  点击相应按钮**　　　　　　**图 10-20  点击"发表"按钮**

步骤 ⑤ 在弹出的提示框中点击"发朋友圈"按钮，如图 10-21 所示。

步骤 ⑥ 朋友圈发布 60 秒的视频号视频效果如图 10-22 所示。

图 10-21 点击"发朋友圈"按钮

图 10-22 朋友圈效果

## 2. 朋友圈标签传送视频号

如今，微信也推出了话题标签功能，营销者在发送朋友圈时，输入"# + 文字"的内容，就会变成蓝色样式的超链接，系统会自动生成可点击的话题标签，用户点击后即可跳转至相关内容的聚合页，该页面会优先展示视频号和朋友圈内容。点击"更多结果"按钮，聚合页还会展示包括公众号、图片以及快捷服务（小程序）等内容，整体功能类似于微信的"搜一搜"，如图 10-23 所示。

图 10-23 朋友圈标签传送视频号

## 090 微信直播，推流玩法让人气飙升

现在的直播行业五花八门、种类繁多，直播既能休闲娱乐也能带货，其门槛也比较低，符合平台的相关要求，注册账号后即可进行直播。拥有数十亿用户的微信也推出了直播功能，通过微信发起直播主要有视频号发起直播和"直播和附近"发起直播两种方法。

第一种方法营销者可直接进入视频号的个人界面点击"发起直播"按钮，如图 10-24 所示。第二种方法营销者首先进入"发现"页面，点击"直播和附近"按钮；进入"直播"界面，点击"开播"按钮，即可开启直播，如图 10-25 所示。

**图 10-24  视频号发起直播**　　　　**图 10-25　"直播和附近"发起直播**

作为一名出色的营销者，直播间的各种权限、管理以及和观众互动的技巧一定要主动去了解，并将这些操作技巧完全掌握，只有熟悉了这些直播技巧玩法后，才能找到适合自己且能帮助自己提升人气的方法。下面简单讲述微信直播的推流技巧，帮助营销者人气飙升。

设置微信直播界面的时候，营销者首先要设置一个与直播内容相关的封面，图片背景不宜太过杂乱、模糊不清，图片要画质清晰、构图合理，可以采用图文结合的方式，主要目的是突出直播主题，吸引用户关注。直播的标题也要醒目，能让用户一眼就看懂该直播间所直播的内容是什么。除此之外，营销者根据内容将直播进行分类，能更好地吸引目标客户，实现精准营销。

## 091 暴利引流，直播多功能火力全开

直播可以直接和用户进行交流，比短视频营销更具有及时性，能够实时地发

布产品信息进行推广。那么如何利用直播功能将引流效果做到最大化呢？下面主要介绍直播的引流方法。

1）直播简介引流

营销者在开播时，一定不要忽略直播简介的设置，当用户进入直播间时，看到的第一条评论就是直播简介。直播简介写得吸引眼球，可以吸引不少用户想添加主播的微信，如：直播主题 XX，加老师微信号 XX，限时免费学习，如图 10-26 所示。

2）直播背景板引流

对于每一个想引流变现的营销者来说，直播背景板也是一个值得设计的模块。直播背景板除了可以放上直播讲解的主题，让感兴趣的用户看到后马上就进入直播间，还可以利用背景板曝光引流信息，比如直接将二维码设置在直播背景板上，如图 10-27 所示。

图 10-26　直播简介引流

图 10-27　直播背景板引流

3）直播画面引流

营销者在直播过程中，近距离拍摄产品时，可以将微信号等信息通过纸条、二维码形式放置在画面中，既不影响产品拍摄画面，也可以让观看直播的用户注意到，如图 10-28 所示。

4）抽奖引流

直播开启抽奖活动，不仅可以调动观看用户的活跃度，并且中奖用户名单是可以主动私信的，这让用户添加营销者的微信变成一件非常容易的事情，或者直接设置抽奖兑换条件为加微信领取，即可将用户成功地引导为私域流量，如图 10-29 所示。

图 10-28　直播画面引流

图 10-29　抽奖引流

5）微信群、朋友圈引流

营销者在进行直播时，可以将直播分享至微信群中，群好友可以点击链接直接进入观看，如图 10-30 所示。微信直播链接也可以直接分享至朋友圈，如图 10-31 所示。将直播链接分享至群聊和朋友圈这些好友可以直接看到的地方，能够更好地扩大直播间的曝光率。

图 10-30　微信群引流

图 10-31　朋友圈引流

# 092　变现转化，多种方式轻松得收益

对于运营视频号和直播的营销者来说，除了想要分享自己的生活和观点外，还希望通过营销来获取利益，最终目的就是变现。通过视频号和直播实现变现主要有销售变现、流量变现以及其他变现 3 种方式。下面将分别进行介绍。

### 1. 销售变现

视频号与直播最直观、最有效的盈利方式当属销售商品或服务变现。借助平台销售产品或服务，只要有销量，就有收入。具体来说，用产品或服务变现主要有以下 6 种形式。

### 1）售卖课程

对于部分自媒体和培训机构来说，可能自身是无法为消费者提供实体类的商品的。那么，是不是对于他们来说，视频号平台的主要价值就是单纯地积累粉丝，进行自我宣传呢？

很显然，视频号、直播平台的价值远不止如此。只要自媒体和培训机构拥有足够的干货内容，同样是能够通过平台获取收益的。比如，可以在视频号、直播平台中通过开设课程招收学员的方式，借助课程费用赚取收益。

如图 10-32 所示，为某科技视频号发布的课程信息。图片中包含有二维码，视频号用户可以扫描二维码，跳转到购买该课程的界面，然后下单购买课程。视频号用户购买课程，视频号营销者就会有收入，这便是售卖课程的变现方式。

图 10-32　视频号售卖课程

有的视频号营销者售卖课程不会直接在视频号上发布信息，而是先发布在公

众号上，然后以超链接的形式插入视频号中。其实，对于视频号来说，这种方法比直接在视频号上发布信息要安全一些。

2）朋友圈卖货

朋友圈卖货和直接借助视频号平台卖货虽然销售的载体不同，但也有一个共同点，那就是要有可以销售的产品，最好是有代表性的产品。而营销者通过视频号卖货的重要一步就在于，将视频号用户转化成自己的微信好友。转化成微信好友之后，便可以通过将产品信息分享至朋友圈等形式，对产品进行宣传。

3）自营店铺

对于拥有淘宝、京东、拼多多等平台店铺的营销者来说，通过自营店铺直接卖货无疑是一种十分便利、有效的变现方式。营销者可以通过短视频介绍自己的店铺，展示自己店铺的产品，引起观看视频号、直播用户的兴趣。

一般来说，有公众号的营销者可以在视频号下方插入介绍产品并附有购买链接的公众号文章，视频号用户点击链接就会跳转到该篇公众号文章，里面一般有详细的产品介绍和购买的链接或方式，然后点击购买链接就可以进行购买，如图 10-33 所示。

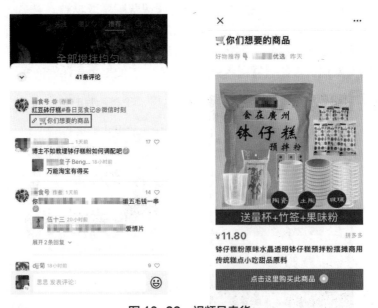

图 10-33　视频号卖货

直播平台则可以将产品信息和链接直接添加到商店中，用户可以直接点击直播界面下方弹出的窗口进行购买，如图 10-34 所示。如果怕用户不懂操作，也可以在评论处补充说明。对于没有自己公众号的，可以直接在评论处告知用户购买方式。产品销售出去之后，营销者便可以直接获得收益了。

图 10-34　直播卖货

4）出版图书

出版图书，主要是指视频号营销者在某一领域或行业经过一段时间的经营，拥有了一定的影响力或者有一定经验之后，对自己的经验进行总结，然后进行图书出版，以此获得收益的盈利模式。

短视频原创作者采用出版图书这种方式去获得盈利，只要视频号营销者本身有基础与实力，那么收益还是很乐观的。视频号还在起步阶段，下面以抖音为例讲讲出版图书的变现方式，而且这种变现方式同时也适合其他的短视频平台。

例如，抖音号为"阿诺《手机摄影》"的号主阿诺便是采取这种方式获得盈利的。阿诺通过抖音短视频的发布，积累了 20 多万粉丝，成功地塑造了一个 IP，如图 10-35 所示为"阿诺《手机摄影》"的抖音个人主页。因为多年从事摄影工作，阿诺结合个人实践编写了一本手机摄影方面的图书，如图 10-36 所示。

该书出版后，即在抖音上出售，销量十分可观，非常受读者欢迎。除了内容对读者有吸引力之外，与阿诺这个 IP 也是密不可分的，部分抖音用户就是冲着阿诺这个 IP 来买书的。所以视频号发展成熟之后，视频号营销者如果有实力，同样可以通过出版图书赚取更多利益。

另外，当营销者的图书作品火爆后，还可以通过售卖版权来变现，小说等类别的图书版权可以用来拍电影、拍电视剧或者网络剧等，这种收入相当可观。当然，这种方式可能比较适合那些成熟的短视频团队，如果作品拥有了较大的影响力，便可以进行版权盈利变现。

图 10-35 "阿诺《手机摄影》" 抖音个人主页　　图 10-36 阿诺编写的摄影书

**5）赚取佣金**

随着新媒体领域的发展，分销变现的方式成为新媒体营销者的新宠，因为并不是每一位营销者都会有自己的店铺或产品。对于新媒体营销者，尤其是没有店铺或产品的营销者来说，分销就是很好的、很稳定的变现方式。

这种变现方式同样适用于视频号变现，也就是说，营销者可以通过视频号帮他人卖货赚取佣金。视频号为营销者提供了专属商店，可以直接在商城里选择产品进行带货，如图 10-37 所示。

图 10-37 视频号商店带货截图

6）服务获益

视频号营销者可以通过给用户提供服务来获取收益，其实服务的转化也有很多模式。如图 10-38 所示，某法律方面的营销者就是在视频号上发布与法律相关知识和信息，为用户提供法律咨询服务。

这种视频号一般都是由公司专门运营，它们将信息发布在视频号上，然后再通过公众号链接，将用户导入公众号中，用户在公众号中能了解到更全面的相关信息。服务的板块除了提供法律咨询之外还有很多，比如租房、招聘、相亲以及家教等，营销者可以根据自己的账号定位来选择向用户提供的服务类型。

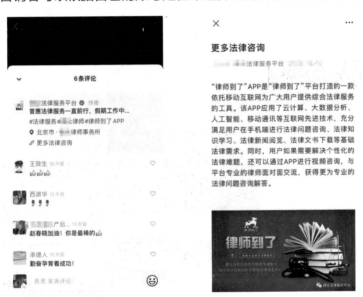

图 10-38　视频号发布服务信息

## 2. 流量变现

### 1）线下导流

视频号用户都是通过微信的视频号来查看线上发布的相关短视频，而对于一些在线上没有店铺的营销者来说，要做的就是通过短视频将线上的视频号用户引导至线下，让他们到店里打卡。

如果视频号营销者拥有自己的线下店铺，或者有跟线下企业合作，则建议大家一定要认证 POI（point of information，信息点，即运用在导航中，提供给用户路况和周边建筑的详细信息，方便用户查询目标位置情况），这样大家就可以获得一个专属的地址标签，只要能在高德地图上找到你的实体店铺，认证后即可在视频号中直接展示出来。

如图 10-39 所示，第 1 张图片为某装修设计视频号发布的内容截图，点击视频下方的定位，就可以进入第 2 张图片显示的页面，在这个页面中可以看到同城其他视频号用户在此位置发布的所有的视频号动态。点击页面右上方的图标，弹出分享的选项面板，然后分享给微信好友，好友点击分享的链接就能直接进入该页面。

　　当视频号用户点击页面中的"位置详情"时，就会弹出该店铺的详细信息，如图 10-40 所示。视频号用户如果位置合适，就可以借助导航到实体店去打卡了。视频号营销者可以通过 POI 信息界面，建立与附近粉丝直接沟通的桥梁，向他们推荐商品、优惠券或者店铺活动等，从而有效地为线下门店导流，同时能够提升转化效率。

**图 10-39　查看和分享定位信息**　　　　**图 10-40　店铺的详细信息**

　　POI 的核心在于用基于地理位置的"兴趣点"来链接用户痛点与企业卖点，从而吸引目标人群。大型的线下品牌企业还可以结合视频号的 POI 与话题挑战赛进行组合营销，通过提炼品牌特色，找到用户的"兴趣点"来发布相关的话题，这样可以吸引大量感兴趣的用户参与，同时让线下店铺得到大量曝光，而且精准流量带来的高转化也会为企业带来高收益。

　　POI 拉近了企业与用户的距离，在短时间内能够将大量视频号用户引导至线下，方便了品牌进行营销推广和商业变现。而且 POI 搭配话题功能和视频号天生的引流带货基因，同时也让线下店铺的传播效率和用户到店率得到提升。

2）广告代言

当视频号营销者的账号积累了大量粉丝，账号成了一个知名度比较高的 IP 之后，可能就会被邀请做广告代言。此时，视频号营销者便可以赚取广告费的方式，进行 IP 变现。这方面抖音发展得比较快，视频号营销者可以借鉴抖音营销者的经验，利用广告代言变现。

### 3. 其他变现

1）社群运营

视频号营销者在视频号平台上运营一段时间之后，随着知名度和影响力的提高，如果在视频号中留下了联系方式，便会开始有人申请添加为好友。

营销者可以好好利用这些人群，从中寻找商机。比如这些来自视频号的客户，都有具体的需求，有的人是想学习视频号如何运营，有的人是想学习如何做营销，有的人想学习某种技能。因此，我们可以根据人群的具体需求进行分类，然后将具有相同需求的人拉进同一个微信群，构建社群，并通过社群的运营寻找更多商机。

2）IP 增值

视频号营销者要把个人 IP 做成品牌，当粉丝达到一定数量后可以向娱乐圈发展，如拍电影／电视剧、上综艺节目以及当歌手等，实现 IP 的增值，从而更好地进行变现。如今，短视频平台上就有很多网红进入娱乐圈发展，包括"锤娜丽莎""摩登兄弟"等。

## 本 章 小 结

视频号和直播作为微信，甚至是腾讯的重点项目，必然会得到腾讯的大力支持，再加上微信本身就拥有巨大的流量，因此，微信视频号和直播很可能会成长为继公众号、小程序之后，微信又一具有代表性的功能，营销者需要抓住这个风口，抢先获得一拨红利。

# 第 11 章

## 维护客户，9 个技巧牢牢抓住顾客

**学前提示**

客户是营销活动的终极目标，整个营销过程就是一个以客户为中心的运营过程。

本章将从营销前的客户吸引方式、营销过程中的客户关系处理以及营销者自身的素质等几个方面出发，介绍 9 种技巧来维护和经营好客户生态圈。

## 093　更多的选择，增加客户的点击量

客户购买产品，通常会经过仔细选择和多番比较，因此向客户提供更多产品、购物方式以及其他方面更多的选择，能够更好地吸引客户，增加点击量。

客户对口味各有不同的偏爱，相较于单一的品种来说，提供不同口味的饮品明显能够给客户更多选择，如图 11-1 所示。因此在这种情况下，丰富的选择条件更能够吸引客户。

**图 11-1　不同口味的饮品**

在微信朋友圈营销中，企业或营销者展示给客户更多的产品，将为营销带来极大的提升，如图 11-2 所示。

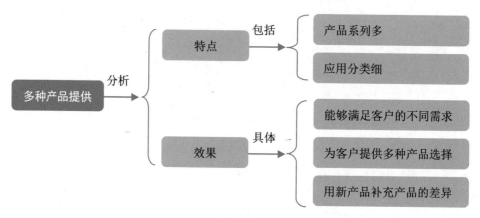

**图 11-2　多种产品提供的营销分析**

在微信朋友圈进行产品营销展示时，添加多样的、有关联的以及不同种类的产品，不仅能有效减少跳失率、增加访问深度，还能提供给客户更多选择。

## 094　激发购买欲，获得营销最大利益

在激发客户购买欲方面，企业或营销者首先要做到的是接近客户，只有这样，才能在了解对方需求和购买力的基础上最大限度地激发客户的购买欲，如图 11-3 所示。

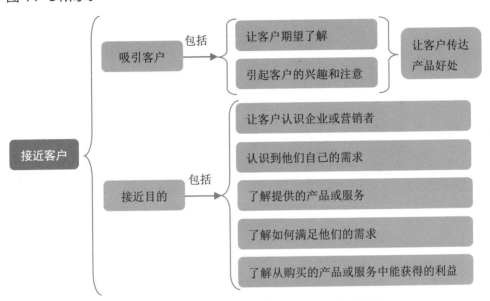

**图 11-3　企业或营销者激发客户购买欲的基础分析**

在了解了为何要激发客户购买欲的基本情况后，接下来主要讲述怎样激发客户购买欲的方法，具体内容如图 11-4 所示。

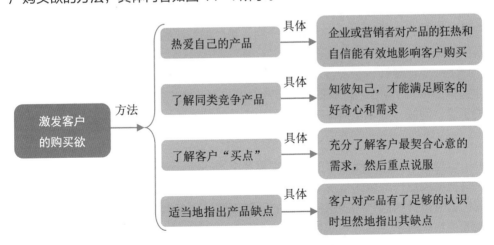

**图 11-4　激发客户购买欲的方法**

除了上述方法，在微信朋友圈营销过程中，更重要的是要说明客户通过营销者所推出的产品或服务能获得怎样的利益，一切从"客户利益"这一中心点出发，针对产品或服务做相应的信息推送，如图 11-5 所示。

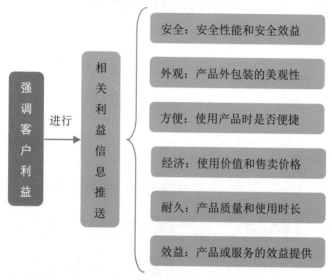

**图 11-5 营销时的客户利益强调分析**

另外，在营销过程中不要抨击竞争对手，但可以根据客观、权威的数据对产品差异进行比较，从而凸显自己产品的优势。

# 095 客户的顾虑，5 个方面解决问题

企业或营销者在营销过程中，想要更快地达到营销目标，一方面需要激发客户的购买欲，有足够的理由支撑客户购买该产品或服务；另一方面需要彻底消除客户的顾虑，从而提高购买欲。

上一节已经针对激发客户的购买欲进行了详细分析，成交就是营销的目的，营销者们需要了解透彻。本节将主要针对怎样消除客户的购买顾虑进行讲解说明。关于这一问题，主要包括以下 5 方面内容。

## 1. 是否有用

这是客户购买产品或服务时首先要考虑的问题，也是较重要和基础性的问题。只有在解决这一问题的情况下，客户才有可能考虑购买该产品或服务，而企业或营销者可以针对这一问题进行特定的回答设置，以便客户可以在线上进行了解，如图 11-6 所示。

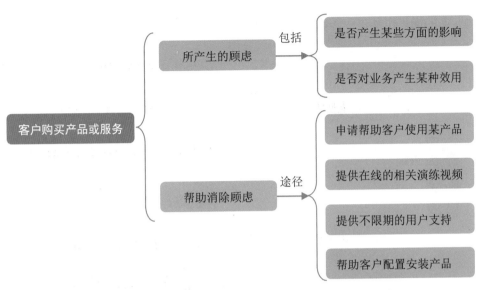

**图 11-6　消除客户关于产品或服务"是否有用"的顾虑分析**

### 2. 退款承诺

在微信朋友圈营销中，客户在没看到实物之前是不可能完全消除对产品或服务的顾虑的，而要促使客户摒弃这一顾虑而购买该产品，可以通过退款承诺来实现，如图 11-7 所示。

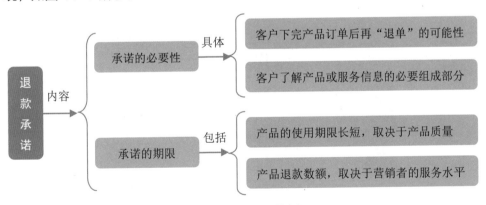

**图 11-7　退款承诺介绍**

### 3. 账户安全

随着电商的进一步发展和普及，账户安全日益成为人们比较关注和在意的话题。在微信朋友圈营销中，如果企业或营销者能够提供足够的措施来保证客户的账户安全，相较其他缺乏保障的竞争者而言，无疑是增强了自身的竞争力，其在线业务的增长也能进一步得以实现，如图 11-8 所示。

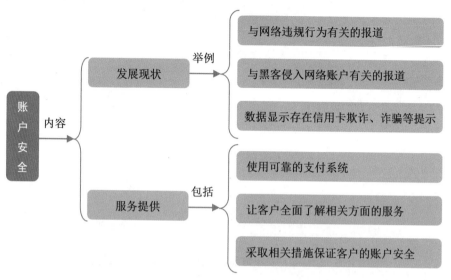

**图 11-8　账户安全介绍**

### 4.　支付简化

人们在线上购物时，快捷是他们选择这一购物方式的重要因素，支付方面也是如此，如图 11-9 所示。

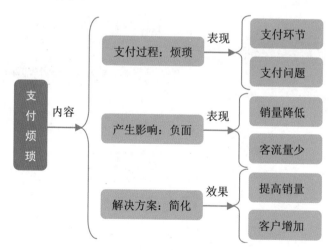

**图 11-9　在线支付环节简化分析**

### 5.　网速问题

网速问题，归根结底，其实就是与用户体验相关的问题，用户体验愉快则能获得更多忠实客户，从而获得更多的销售额。保证网络的畅通和快速是微信朋友圈营销的硬件基础，也是消除客户顾虑和提升销售额的必要策略，网络运行问题影响用户体验的原因如下。

（1）人们期待的网站打开时间通常不超过2秒。

（2）网站加载速度延迟1秒都可能会导致客户流失。

（3）用户一般不会再次光顾用户体验差的网站。

## 096  客户的拒绝，4种方法从容应对

在营销过程中，来自客户的拒绝已经是司空见惯的情形了，且客户的拒绝是以多样化的形式出现的。只要能够从容地应对客户的拒绝，那么营销也就触手可及了。关于这一问题，主要包括以下几种方式。

### 1. 开放式

开放式的应对方式是针对那些面对推送的产品信息表现得比较冷漠的客户。这是一种利用开放式的问题引导客户多说话，从而在朋友圈互动过程中探寻和了解客户的方式，如图11-10所示。

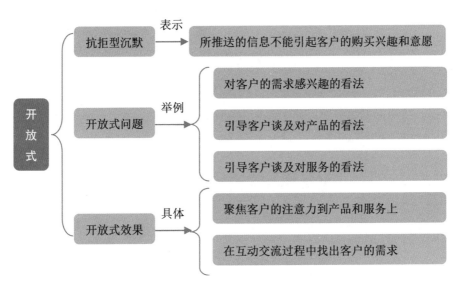

**图11-10  开放式应对客户拒绝的方式分析**

开放式问题就像问答题一样，不仅需要解释和说明，同时还要向对方表示你对他们的回答很感兴趣，并想要了解更多，从而对客户进行引导。

### 2. 忽略式

忽略式的应对方式是针对那些面对企业或营销者推送的产品信息采取借口抗

拒的客户。这是一种采用忽略对方的借口或问题，并对产品做进一步深入介绍而使客户兴趣提升的方式，如图 11-11 所示。

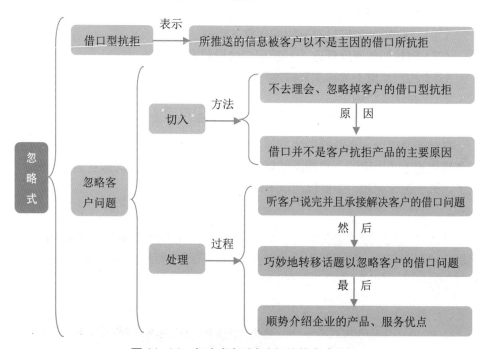

**图 11-11　忽略式应对客户拒绝的方式分析**

### 3. 理解式

理解式的应对方式是针对那些面对推送的产品信息提出一些负面批评的客户人群，如图 11-12 所示。

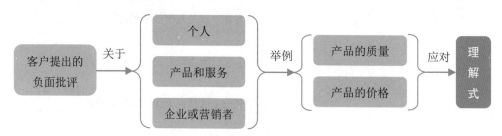

**图 11-12　理解式应对客户拒绝的方式分析**

理解式的应对方式，是一种在互动过程中充分表现出尊重和理解对方的想法并探寻客户目的的方式。面对负面批评型客户，我们首先要理解、尊重客户的想法，再试着用问题反问客户，从而转移客户的注意力，并且确认客户抗拒的真假性。转移话题后如果客户再次提及抗拒性问题则为真，反之则为假，最后再对真的抗拒性问题进行处理。

### 4. 称赞式

假如客户在企业或营销者的产品推送过程中极力展示其相关方面的专业知识，此时，企业或营销者应该明确地称赞客户的专业性，即使其所了解的"专业"知识是错误的。这也是营销过程中应对客户拒绝的重要方式，如图 11-13 所示。

**图 11-13 称赞式应对客户拒绝的方式分析**

## 097 稳固好关系，两个方面着手维护

在微信朋友圈营销中，维护好与客户之间的关系是营销运营得以持续和发展的关键。在现代信息社会环境中，朋友圈作为一种新兴营销渠道，稳固好客户关系应从两个方面着手，具体内容如下。

### 1. 客户经济

客户经济是一种通过吸引客户注意力来实现营销的经济模式，在经营好客户经济这一问题上，其实质就是微信这种一对一交流方式的营销优势运用，具体优势如图 11-14 所示。

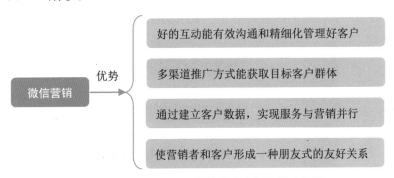

**图 11-14 微信朋友圈营销的客户经济策略分析**

### 2. 客户拓展

客户拓展也是稳固和发展营销者与客户关系的重要内容，它是客户经济发展与扩大化的表现。那么，怎样实现微信朋友圈营销的客户拓展呢？图 11-15 所

示为扩展微信客户生态圈的具体策略。

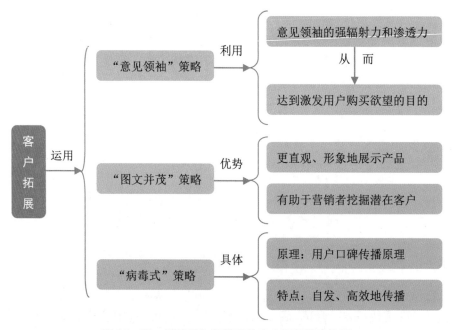

**图 11-15　微信朋友圈营销的客户拓展策略分析**

## 098　反馈的信息，认真对待赢得信任

在营销过程中，由于微信好友的庞大数量，以及工作强度的日渐增加，经营过程中难免会遇到大大小小的问题。在这种情况下，店家被用户抱怨也是在所难免的，一般客户会抱怨的内容如图 11-16 所示。

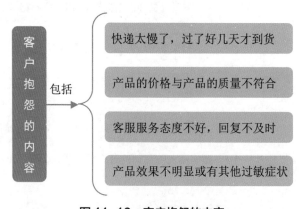

**图 11-16　客户抱怨的内容**

在这种情况下，营销者们应该用心倾听客户的每一次反馈并且重视他们所提出的问题与建议，如图 11-17 所示。

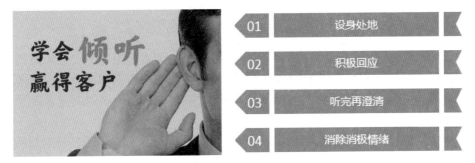

**图 11-17 学会倾听**

这些问题能不能得到系统地解答和解决，是决定客户是否继续信任这一家店铺的基本评价标准。所以营销者应该认真对待客户的每一次反馈，并将这些内容分门别类，具体问题具体分析，仔细地去解决所有的意见。在处理反馈信息中，下面这位营销者就处理得很得当，如图 11-18 所示。

**图 11-18 营销者对反馈信息作出的解决措施**

一旦营销者没有将客户提出的问题处理得当或是压根就没当一回事儿，这样的情况会使店铺损失一部分客户。"星星之火，可以燎原"，总是因为忽略问题而损失客人，最后生意就只能以失败告终了。

所以为了防止这种情况出现，营销者应该从源头制止各种不让客户满意的问题，用心聆听对方的意见，认真对待每一份反馈信息。

## 099　心理认同感，与客户打"感情牌"

营销者在进行朋友圈营销的过程中，如果只是循规蹈矩地发一些无趣的广告内容，肯定没有几个人愿意看。但是如果我们能将广告内容加以修改，添加一些可以吸引人眼球的元素，说不定就能够让顾客们抽出一些时间来读完整个广告。

一般来说，最能够引起群众注目的话题自然就是"感情"。用各种能够触及对方心灵的句子或是内容来吸引别人，也就是所谓的"情感营销"。在如今这个社会，由于物质生活的不断丰富，群众在购买产品时开始不那么看重产品本身的质量与价格了，大家更多的是在追求一种精神层面上的满足，一种心理认同感。

情感营销正是利用了群众的这一心理，对症下药，将情感融入营销中，唤起购物者的共鸣与需求，把"营销"这种冰冷的买卖行为变得有血有肉。

比如淘宝的公益宝贝，就采取了这种方式，该淘宝店铺加入了公益计划，每成交一笔订单，就会向公益计划捐赠产品价格的 0.3% 作为善款，如图 11-19 所示。与之类似的还有美团外卖的公益活动，店铺加入了某个公益计划后，每售出一份外卖，商家都会捐赠一笔金额至公益基金，如图 11-20 所示。

图 11-19　淘宝公益宝贝

图 11-20　美团公益外卖

虽然捐赠一笔的金额不大，但所有的客户累积起来的金额也是十分可观的。最重要的是，在购买产品的同时，客户们还能够表达自己对公益事业的关心，尽自己所能帮助那些需要帮助的人们。

同理，在朋友圈营销中，营销者也应该抓住客户们对情感的需求。其实不一定非要是人间大爱，任何形式的能够感动人心的细节方面的内容都可能会触动不同客户的心灵。

如图 11-21 所示，就是一位旅游向导在朋友圈打出的关于旅游的广告。但是他并没有一开始就介绍旅游地的风景名胜，或是不断吹嘘旅游路线的优惠折扣，而是配上优美的自然风景视频，从"情怀"这一角度出发，借用苏轼的诗表达此地此时此人的情感，当还在劳累奔波的人们看到这条打动人心的朋友圈时，自然心生向往。这一手法利用了人们向往美好、自由的心理，潜意识里为微信好友们打上了"旅游＝心灵之旅"的印象，把旅游的念头扎根在了对方的脑海里。

还有另外一个例子。如图 11-22 所示，这是一个关于水果罐头的广告。广告一开头，这位营销者就提出了食用含有添加剂的果冻是越来越多小朋友得白血病的原因，这种类型的开头对身为家长、家里有小朋友的客户是有致命吸引力的，所有对孩子不好的东西，做父母的都会不由自主地去了解和关注。

图 11-21　旅游的广告　　　　图 11-22　水果罐头的广告

在广告中，除了可以加入引起强烈情感共鸣的内容，也可以添加一些生活气息浓重的、温暖人心的内容。这一部分同样也可以引人注目。营销者平时在发布广告时，带上一些与生活感情息息相关的内容，可以引起人们对平淡温馨生活的向往和情感共鸣。

**专家提醒**

在营销过程中，营销者必须意识到，我们所销售的，看似是产品这个实体，实则售卖的是产品本身所存在的价值。所以，在向客户推销某些产品的时候，营销者应该仔细琢磨用户的需求，选择一个正确的切入点来推销自己的产品，引发与用户之间所产生的共鸣，从而引导用户购买自己的产品。

# 100 多渠道沟通，不局限在一个领域

除了微信以外，网络上还有很多社交平台。做朋友圈营销，也应该将眼光放长远一些，不能只看到朋友圈，而是应该想尽办法认识更多的人，与对方成为朋友，不断挖掘他们身上潜在的购买力。

这就要求营销者想尽办法通过别的社交软件与客户们进行沟通，提高自己店铺的人气，通过平等的沟通与客户们打成一片，成为朋友，为自己生意的长远销量打下牢固的基础。主要的沟通渠道有微信、QQ 以及微博，下面为大家详细介绍除了微信以外的两种沟通渠道。

### 1. QQ

QQ 是大家较常用的一种社交工具，它拥有现如今国内基数较为庞大的用户群，是一个很方便的吸粉平台。

用户将 QQ 绑定手机号码，这样不仅可以使用手机号一键登录 QQ，还能获取手机通讯录里联系人的 QQ 号，添加他们为好友，扩充人气。在 QQ 登录界面点击"找回密码"按钮，可以找回忘记的账号密码，没有 QQ 的用户也可以点击"新用户注册"按钮，进入新用户注册通道完成注册。

由于 QQ 和微信同属于腾讯公司，所以两个软件之间还有可以互相沟通的地方，比如在 QQ 空间中发的状态是可以直接同步到微信朋友圈中的，这样既节省了时间，又将广告推送给了更多人看。当然，营销者用到 QQ 的主要原因还是为了和购买者们发展更好的关系。其实建立 QQ 群就是一个很明智的方式，不仅方便营销者推广营销产品，节省沟通成本，还能够促进客户对产品的了解。

QQ 群是可以分类的，而且也可以放在网络平台上向公众开放，营销者可以根据自己的产品类型，加入与产品相关的群聊，如图 11-23 所示。这样就能汇聚天南地北有共同兴趣爱好或目标需求的人，然后慢慢地与他们发展关系介绍产

品，最后将他们拉入客户的行列。

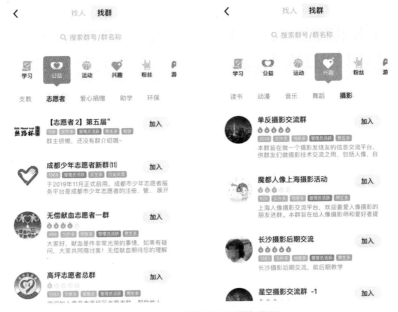

**图 11-23　查找 QQ 群的界面**

### 2. 微博

随着近几年很多社会新闻都在微博上遭到披露，人们越发感觉到微博用户的力量日益强大，甚至对社会的影响都十分巨大。而且与聊天软件相比较，微博更加公开透明，有共同语言的朋友们可以互相关注并且交谈。

用户除了可以使用账号密码登录微博之外，同样可以绑定手机号码获取验证码登录、微信登录以及 QQ 登录，苹果手机用户也可以通过 Apple ID 登录，通过手机号验证登录可以增加账号的安全性。

如果营销者想要在微博上交朋友的话，最好可以将自己的账户发展成大 V 来吸引更多的粉丝关注，从而提高自己的人气，同时也可以提高店铺的人气。

一般来说账号想涨粉，通常有两种办法：一种是靠自己，多发有意义的内容，凭借自己的头脑和文笔吸引别人的注意。比如耳帝，专门给别人科普音乐方面的知识，在流行音乐界有一定的地位，大家都愿意相信他，且粉丝众多，因此可以接一些广告；又如博物杂志，就是专门写生物科普的博主，他博学多识、风趣幽默，经常为大家排忧解难，当然他本身就是卖科普类杂志的，这样一来二去，吸引了众多粉丝，杂志的销量也被有效地拉动了，如图 11-24 所示。

第二种就是去高人气的博主发的微博底下抢热门，引起对方粉丝的关注，进而吸引粉丝，从而拥有大批追随者，如图 11-25 所示。

图 11-24　科普类博主

图 11-25　在高人气博主的微博底下抢热门

**专家提醒**

　　不管用哪种沟通方式与客户们做朋友，最后的结果都是为了营销者生意的进步。所以一定要想尽办法让这些客户与营销者交换微信，挖掘他们身上的消费潜力，提高产品销量。

## 101　跟进新客户，使生意"生生不息"

　　任何营销者都应该记住，自己做的是长期营销而不是短期推销，不能存在"卖完东西拍拍屁股就走"的想法。营销要做的，就是不断地积累新客户、发展老客户，使店铺内的生意生生不息。当然，在销售过程中，营销者可能会遇见不太想购买产品的客户。面对这种情况，营销者应该循序渐进地引导对方，慢慢地将对方拉入生意圈中。

　　营销者应该尽量做到持续跟进各种类型的顾客，只有这样才能让对方感受到卖家的诚意，那么如何才能做到有效地跟进呢？营销者们可以独辟蹊径寻找跟进方式、找一个合适的借口以及注意跟进的时间间隔，下面为大家详细介绍这 3 种方式。

### 1. 独辟蹊径寻找跟进方式

一般的跟进方式每个营销者都知道，那么如何从这些人中脱颖而出呢？这是营销者必须思考的问题。因为只有"不一样"，才能让对方留下深刻印象。

比如别人都用微信跟进，每次都给对方发上一段文字客客气气地提问，那我们就试着写一封信与客户进行交谈。手写的文字无论如何都要比键盘上敲打出的冷冰冰的印刷体更让人暖心，也更能让人投入心思去读、去回复。因为大家都知道，写一封信并不是轻松的工作，它要耗费不少心力与时间。大部分人都会尊重写信者的心情与劳动成果，自然而然就会认真地与营销者进行沟通交谈，而不只是随意敷衍了。

### 2. 找一个合适的借口

在跟进的过程中，每一次营销者与顾客交谈之前，都需要有一个合适的主题开始对话。如果只是选择一味地推销产品，上来就给客户介绍新产品、询问他们要不要购买等，对方恐怕连一个最基本的回复都不愿意给。所以一般来说，聪明的营销者会选择一个避无可避的话题开始这段对话，然后再慢慢地将话题导向别的方向。可行的话题还是很多的，比如询问对方对公司客服的看法、对产品的意见等。

### 3. 注意跟进的时间间隔

跟进客户的时间间隔也是一个需要仔细思考与看待的内容。因为时间间隔太短会让人厌烦，太长又容易让对方忘记你的存在。一般来说，2～3个星期进行一次跟进调查是最明智的选择。

**专家提醒**

在每次跟进调查时，都不要显露出太强烈的销售欲望。必须明确，跟进的主要目的还是帮助客户解答关于企业与产品的问题，甚至是去了解客户，摸清楚他们真正想要的，从而为他们创造价值。

平均来说，每跟进3次才能成交一笔生意，所以营销者在跟进过程中一定要有足够的耐心，尽量不要随意放弃每一位客户。除了要坚持跟进客户以外，营销者还必须弄清楚在跟进客户的过程中必须注意的事项，主要有记录沟通情况、给客户写"感谢信"以及写信邀请购物这3项，从而获取客户的信赖。下面为大家详细分析以上3点。

1）记录沟通情况

营销者每次在与客户沟通完毕后，都应该记录好所有的情况，比如沟通的具体时间、沟通的次数、沟通的内容以及顾客的具体情况等，方便下一次与客户沟通，也不会因为顾客太多而弄混了信息。

2）给客户写"感谢信"

新客户在购买产品时，营销者可以随产品带一封亲手写的"感谢信"，以此来表达对客户的谢意，也能让对方感受到营销者的诚意。

3）写信邀请购物

当营销者发现，有些客户很长时间没有来店内购买产品时，可以选择给对方写一封信邀请他们重新再来光顾店铺，可以在信中附上店铺内新上的多种产品，并且强调一定会给对方最优惠的价格。

**专家提醒**

当新客户发展成为老客户之后，他们的潜力还是很大的。很多营销者在产品销售过后就当上了甩手掌柜，再也不去在乎老顾客的感受。其实只要老客户对产品满意，成为回头客的可能性是很大的，并且还会为你介绍新客户，所以营销者也应该尽力维系与老客户之间的关系。

# 本 章 小 结

在营销过程中，永远要牢记"顾客第一"的原则。本章介绍了多种售前售后方案来维护客户关系，为产品品牌的长期发展提供了有效的途径。营销者学完本章后，要努力与自己的客户搞好关系，留住客源，不断壮大客户群体，开拓销售途径，这样才能有效地提高产品销售量。

# 第 12 章

## 避免误区，8 种行为务必及时纠正

**学前提示**

微信朋友圈这一特殊的营销方式还处在发展和完善阶段，没有形成完全成熟、系统的理念，因此在这一营销过程中有错误的认识和做法在所难免。

本章将针对上述问题从 8 个方面进行具体描述，希望后来者引以为鉴。

## 102 举棋不定，纠结于卖什么完全没必要

在微信朋友圈营销过程中，关于所要经营的商品有两个方面的误区：一是没有明确的目标，人云亦云；二是更多地纠结于哪一类商品更好卖，举棋不定，就好比早餐不知道该选牛奶还是豆浆，如图 12-1 所示。

图 12-1　早餐选什么

针对这一认识错误的情况，企业或营销者应该有明确的目标定位，如图 12-2 所示。

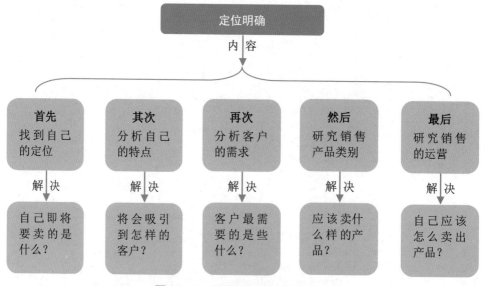

图 12-2　微信朋友圈的营销定位

针对后一种情况而言，企业或营销者更多的是在不同类别的产品之间犹豫不

决，看似每一种产品都有很好的市场需求，但似乎每一种产品都不好卖，这一问题也同样需要有明确的自身定位。

其实，企业或营销者无论是人云亦云的选择，还是犹豫不决的选择，卖什么产品的矛盾心理在微信朋友圈营销的前期工作中都不是最重要的，他们首先需要解决的是怎样经营维系好朋友圈的好友关系。因此，在微信朋友圈营销运营中，先要吸引足够多的好友和客户，如图 12-3 所示。

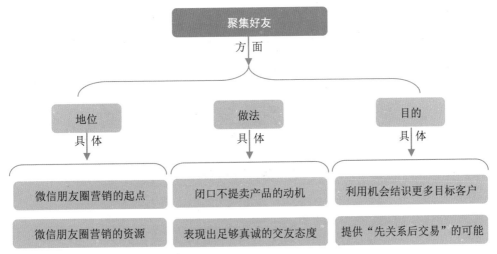

图 12-3　微信朋友圈的好友关系建立分析

微信朋友圈毕竟不是一个专门的营销平台，可以说，它只是一种辅助其他营销方式的工具，工具就是要将它的功能用到合适的地方，所以选择正确的营销途径比纠结到底在朋友圈卖什么产品更有意义。

关于怎样选择营销的途径，在微信朋友圈更多的是要从朋友关系出发，提供给他们更接近于服务的营销感觉，更多地满足朋友对产品的需求，多听取他们的意见，知道他们想要什么，如图 12-4 所示。

微信朋友圈的产品信息推送，不同于一般营销的推送，它要求更加人性化和感性化，具体内容如图 12-5 所示。

**专家提醒**

随着社会经济的发展，人们在追求产品使用价值的同时，也寻求一种产品带给客户朋友的心理满足感和来自内心的自我肯定。微信朋友圈一对一的互动关系要特别注意从这一角度出发，进行产品的精准推送和正确推送。

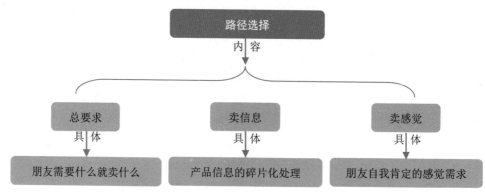

图 12-4  微信朋友圈营销的路径选择分析

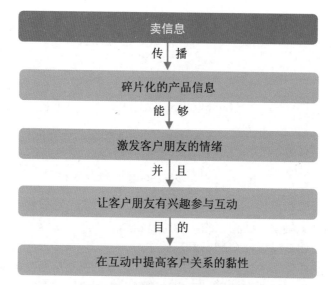

图 12-5  微信朋友圈的信息推送

综上所述，对微信朋友圈营销而言，企业或营销者纠结于卖什么的矛盾心理完全没有必要，因为在这一营销过程中，其推送的产品只是一个营销载体，是连接与沟通客户情绪的传播线路而已，如图 12-6 所示。

因此，企业或营销者应该在营销过程中，经营好微信朋友圈的客户关系，通过在互动中充分了解客户，从而为客户心理满足感和客户自我肯定的营销结果提供推送依据，最终实现各种营销方式与微信朋友圈营销的完美结合。

**图 12-6　营销载体——产品**

与客户之间的情感与信任

客户心理满足感和自我肯定

# 103　忽视质量，经得起考验才能提升客户体验

微信朋友圈营销者在经营好客户关系的同时，还要特别关注一个问题，那就是营销的前提——产品质量，而这个问题容易被企业或营销者在微信朋友圈的产品信息推送中忽略。

产品质量是提升客户满意度最基本的问题。只有产品质量经得起考验，才能在微信朋友圈营销互动过程中提升客户体验。

因此，企业或营销者推送的必须是好的产品，而其中的"好"必须满足两方面的要求，如图 12-7 所示。

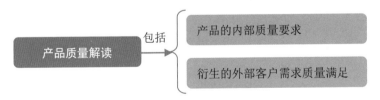

产品质量解读　包括　产品的内部质量要求

衍生的外部客户需求质量满足

**图 12-7　产品质量解读**

下面为大家详细分析这两点要求。

1. 产品的内部质量要求

产品的内部质量要求是产品本身所拥有的使用价值的体现，基于营销过程而言，它包括 4 个方面的内容，如图 12-8 所示。

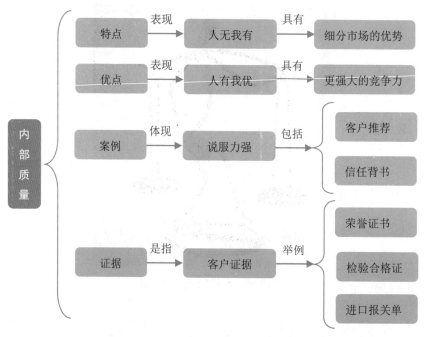

图 12-8 产品的内部质量要求分析

## 2. 衍生的外部客户需求质量满足

衍生的外部客户需求质量满足是针对客户朋友而言的，是指产品所能提供给客户的、解决客户需求痛点的特性，如图 12-9 所示。

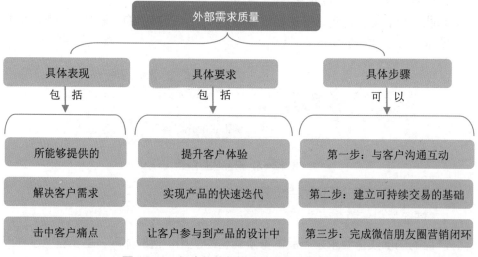

图 12-9 衍生的外部客户需求质量满足分析

## 104　没有魅力，通过"微星"突出个人形象

微信作为一对一互动式社交平台，能够推进人与人之间的联系，而这种联系的维系和拓展，在很大程度上是通过个人魅力实现的。因此，在微信朋友圈营销中，个人魅力的展示至关重要。

企业或营销者欲通过朋友圈实现营销的发展，则必须将其个人号的人格魅力最大化，突出个人形象，主要内容如下。

- 头像的人物形象照。
- 内容的有关个人号的故事。
- 评论的人性化的互动。

从这一方面来说，下面这张"手机摄影构图大全"的微信公众号宣传图，就是极充分的展示。该宣传图中不仅展示了账号的名称和特点，还突出了营销者的个人形象，让用户了解账号信息的同时，还能感受到营销者的个人魅力，如图 12-10 所示。

**图 12-10　"手机摄影构图大全"微信公众号宣传图**

微信朋友圈营销其实就是一个个人魅力的价格变现体现，其中一个重要的实现途径就是"微星"提供的客户服务，如图 12-11 所示。

企业"微星"是其产品特征的典型代言人，通过"微星"，商品与人格元素实现了巧妙的融合，并在这一过程中使得"微星"的人格成为商品的溢价价值，且这种价值是恒久的，不会随着营销场所和途径的改变而改变，从而随着时间的推移，可能会形成企业具有代表性的价值品牌。

因此，企业"微星"这一角色非常重要，可以考虑由企业负责人承担，因为企业负责人拥有企业决策权并且人脉丰富，可以起到聚焦微信营销的作用，所以

这也是基于各方面因素的结果，如图 12-12 所示。

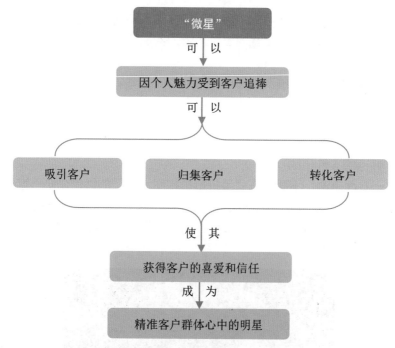

**图 12-11　"微星"的个人魅力营销价值分析**

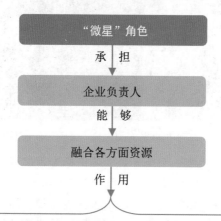

**图 12-12　企业"微星"角色的承担分析**

由上述内容可知，企业个人魅力的影响非常重要，然而纵观微信界面就会发现，企业在这一方面并没有完全利用起来，如图 12-13 所示。

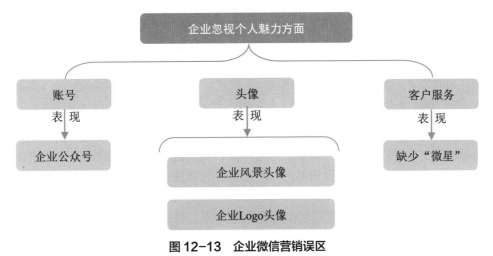

图 12-13　企业微信营销误区

## 105　拼命加客户，"僵尸粉"毫无营销价值

客户是实现营销目标的重要支撑，他们是精准营销的重要目标客户群体。在目前的营销生态圈层中，客户是其中不可或缺的组成元素，具有巨大的营销价值，如图 12-14 所示。

图 12-14　客户营销价值

基于客户的作用，一些企业或营销者也意识到了客户营销的重要性，可由于对这方面知识的缺乏，可能会导致他们走入营销的认识误区，主要表现为两种情况，如图 12-15 所示。

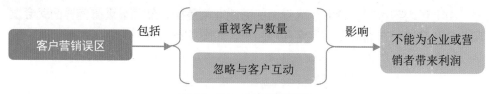

图 12-15　客户营销误区

下面为大家详细分析以上两点。

### 1. 重视客户数量

数量与质量是相对的，当偏向于某一方时，就失去了平衡。由于在微信中添加好友有上限要求，不包括群及公众号个数，微信目前最多可以添加 5000 个好友，所以说客户的数量是受限制的，因此客户的质量更应该受到重视，切忌快速增加无价值的"僵尸粉"。

在实际营销中，客户创造的价值也有所不同。有些客户相对而言购买潜力更大一些，企业和营销者必须更加关注这些客户，重点培养和完善与这些客户的感情，如图 12-16 所示。

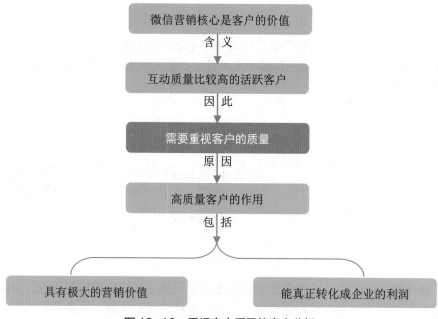

图 12-16　重视客户质量的意义分析

### 2. 忽视与客户互动

人与人之间的交往是一个需要仔细维护的过程，微信朋友圈的朋友关系也是如此。对于企业或营销者而言，假如只一味地增加客户，而忽视与客户的互动，其最终结果就是错失客户的利用价值。

**专家提醒**

忽视与客户的互动，其微信通讯录也只是一大串名称与账号的集合，没有任何营销意义。

由此看来，与客户的互动是非常重要的，如图 12-17 所示。

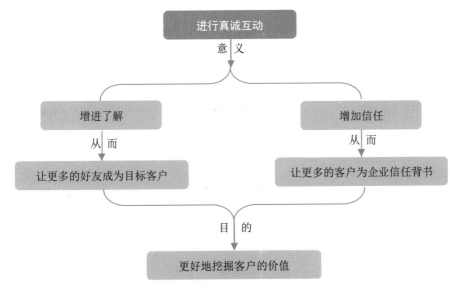

**图 12-17 与客户互动的意义分析**

所以，我们得知进行互动的条件是真诚，那么抽出时间来和客户进行沟通交流很有必要。有些营销者为了节省时间或者是怕麻烦，不愿意单独为自己的客户解惑，就会选择用机器人客服为客户服务。

虽然机器人也能够解决一些基本的商品问题，可毕竟不是真人，有些太困难的问题不太好解决，并且冷冰冰的机器人总是不够真诚，这就使得有些营销者使用机器人进行客户陪聊的互动不可取，如图 12-18 所示。

**图 12-18 互动认识误区分析**

**专家提醒**

关于微信客户的问题，营销者们需要端正自己的态度，予以正确对待，避免步入恶性循环的误区。

营销者必须准确地意识到客户并不是越多越好，而应该尽量和已有客户培养好感情，准确地找到合适以及具有购买潜力的客户等。当然，这些问题主要表现在 3 个方面，内容如图 12-19 所示。

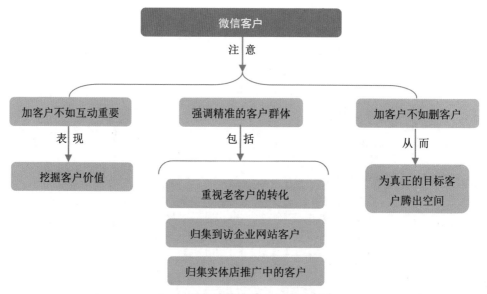

图 12-19　微信营销中客户问题的注意事项

## 106　转发泛滥，优势滥用只会适得其反

众所周知，微信朋友圈在信息发布方面有着极大的优势，如图 12-20 所示。

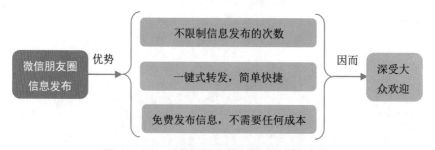

图 12-20　微信朋友圈信息发布的优势介绍

但是其优势的应用也应该注意一个适度的问题，假如过度、大量地加以应用，结果只能是适得其反。微信朋友圈发布信息方面的优势，让不少人滥用，使得朋友圈信息泛滥，如图 12-21 所示。

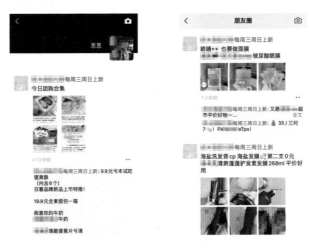

**图 12-21　朋友圈泛滥的推送信息**

这些营销者接连不断地推送广告，试想一下，一个上班族好不容易抽出时间看看朋友圈放松一下，朋友圈里连续翻了好几页，奇闻趣事没见到，看见的都是这些泛滥的推送广告，他又怎么会不屏蔽这些营销者呢？

所以对于微信朋友圈营销而言，这种情况是必须杜绝的，因为这将导致客户注意力的分散，如图 12-22 所示。

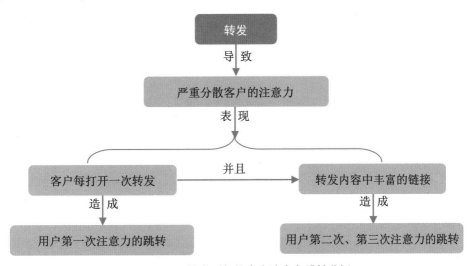

**图 12-22　转发引起的客户注意力跳转分析**

**专家提醒**

　　用户注意力的分散与跳转是违背朋友圈的原则与初衷的，与利用朋友圈吸引关注的最终目标是背道而驰的。

　　如图 12-23 所示，为无节制转发广告，违背朋友圈推文原则的弊端分析。

**图 12-23　无节制转发广告弊端分析**

　　微信朋友圈的转发泛滥，除了上述内容中介绍的内容转发外，还包括推荐他人微信号一类的社交性转发，具体分析如图 12-24 所示。

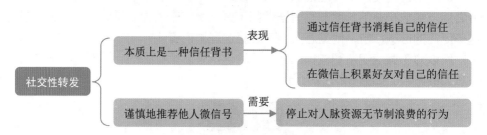

**图 12-24　社交性转发介绍**

# 107　盲目迷信订阅号，影响发展不如认清事实

　　在微信营销中，微信公众平台有着举足轻重的地位，其中订阅号的作用更是不容忽视，如图 12-25 所示。

　　尽管订阅号具有如此强大的功能，然而如果过度迷信，就会陷入信息轰炸的泥淖之中，最终影响账号的发展。因此，企业或营销者首先应该认清其基本事实，如图 12-26 所示。

　　认清了微信订阅号目前的基本情况，企业或营销者应该改变盲目迷信微信订阅号的观念，改变其运营策略，如个人号的管理加强就是一个很好的办法，如图 12-27 所示。

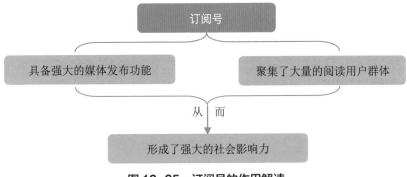

图 12-25　订阅号的作用解读

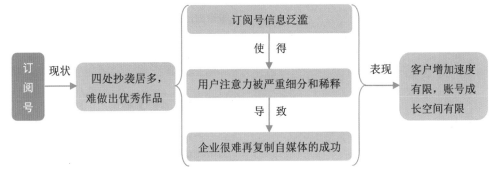

图 12-26　订阅号的现状与内容分析

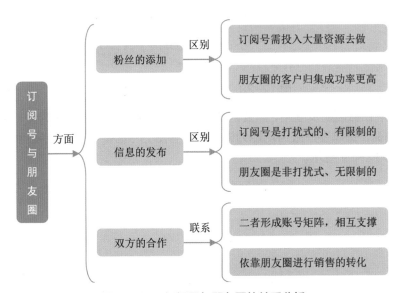

图 12-27　订阅号与朋友圈的关系分析

## 108　推销不等同营销，认知错误只会越走越偏

在微信朋友圈的运营中，总有人认为推销等同于营销，无论是从工作重心的角度出发，还是从目的、方法以及目标等内容来看，推销与营销都是不同的概念，不能随意地把它们混同，认知错误只会越走越偏，如图 12-28 所示。

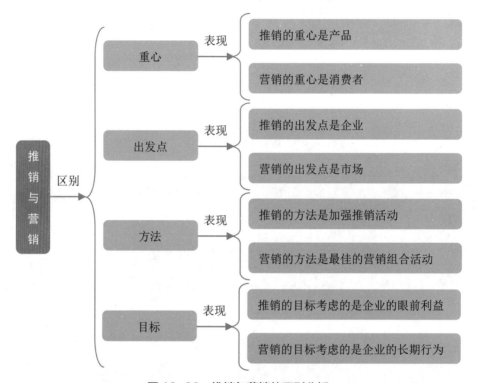

**图 12-28　推销与营销的区别分析**

因此，在微信朋友圈中，需要的是以确保用户良好的使用体验为目标的营销，更确切地说，是以客户服务功能为途径、以客户为中心的微信朋友圈营销，具体内容如图 12-29 所示。

**专家提醒**

准确地说，推销是一个主要注重眼前目标的、以短期营利为目的的活动。它是销售环节中的一环，只是将货物卖出的一个具体步骤。相对来说，营销是一个整体，并且销售策划要更加专业，更加有长远目标，是以长期运作为目的的一系列操作过程。

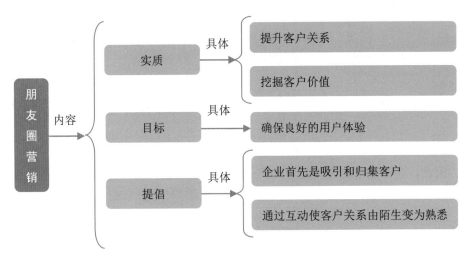

图 12-29　微信朋友圈营销解读

## 109　拒绝刷屏，获得客户信任才是关键

在微信朋友圈营销中，一部分人认为刷屏就能卖东西，并且刷得越频繁效果就越好，如图 12-30 所示。

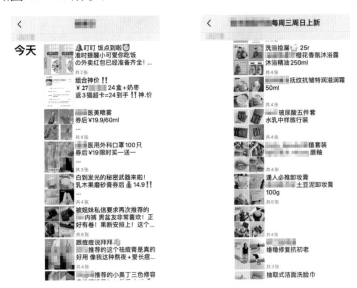

图 12-30　疯狂刷屏的朋友圈

其实不然，这是一种错误的认识。因为在这一服务中，成交最确切的基础来自于好友的信任，这也是运营和发布朋友圈信息的目的所在，如图 12-31 所示。

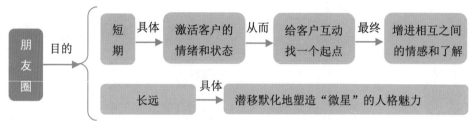

图12-31 发朋友圈的目标介绍

因此，在微信朋友圈里刷屏并不一定能够卖东西，它需要建立在一定的互动沟通、情感以及信任的基础上，只有这样，成交才有可能发生。

# 本 章 小 结

"前车之鉴"，对于进行微信朋友圈营销的企业或营销者而言，其探索和发展过程中的磕磕碰碰、利益得失，都可以成为后来者的警示和策略借鉴。

其中，微信朋友圈的营销误区更是时刻提醒着该平台上的营销者在运营过程中忽视的问题：我该买什么商品、对订阅号过分迷信以及轻易忽视商品质量等。本章为读者提供了一面"正衣冠"的镜子，人们可以从中发现自己微信朋友圈运营中是否存在同样的问题，并试着指导读者怎样解决。

现在时代发展速度如此之快，今天是互联网明天会是什么我们不得而知。但至少通过朋友圈营销，我们已经将客户牢牢地抓在手中了，只要有这样一张王牌，无论未来有什么变化，任它风起云涌，我自岿然不动。